「日本版ジョブ型」時代のキャリア戦略

38歳までに身につけたい働き方のかたち

コーン・フェリー
加藤守和
Kato Morikazu

ダイヤモンド社

はじめに

「ジョブ型という言葉をよく聞くけど、何だろう」
「ジョブ型は海外の仕組みで、雇用を打ち切られやすいらしい」
「うちの会社もジョブ型に移行するけど、将来はどうなってしまうのだろう」

本書を手に取ったみなさんは、こんな不安を漠然と抱えているのではないでしょうか？

現在、いろいろなメディアで「ジョブ型」という言葉を目にする機会が増えてきました。専門家の間でもさまざまな意見があり、いろいろと混乱することも多く、不安にかられることも多いでしょう。本書は、そのような読者のみなさんに、今起きている変化を分かりやすく解説し、どのようにキャリアを築いていくかを考えるヒントを提供できればと思い、執筆しました。

本書は、読者の不安を過度に煽るようなことを意図したものではありません。できるだけ客観的に現在起きている変化を正確かつ構造的に解明し、読者が自身のキャリア開発に明日から取り組めることを目的としています。

日本企業が「ジョブ型」へ舵を切ることにより、キャリアの前提となるルールが変わってきます。正確にいうと、今まさに、ゲームのルールは変わりつつあります。そのルールを知っているか知らないかで、キャリアの戦い方が変わってきます。

本書の主張を少し先取りして言うと、ジョブ型時代は、個人の主体的なキャリア意識がとても重要になります。これまでのような会社任せのキャリア意識では生き残っていくのが難しくなり、主体的なキャリア戦略を持つか持たないかで、人生に対する充実感や豊かさに大きな格差が出てきます。そこではどのような意識を持ち、行動をすればいいか、本書でじっくり考えていくことにしましょう。

筆者が所属するコーン・フェリーは世界最大級の組織・人事コンサルティングファームです。コーン・フェリーは、「ジョブ型処遇」の核となる職務価値を算定する手法を世界で初めて開発したファームであり、日本法人においても日本企業に対して、多くの「ジョブ型」の導入支援をしてきました。また、人材開発の領域においてもトップファームであり、毎年数万人単位で顧客企業の経営幹部やマネジャーに対して、人材アセスメントやコーチングなどのキャリア支援をおこなっています。その他、人材採用や組織変革など、組織・人事に関する総合的なコンサルティングサービスを提供しています。

筆者のスタンスを最初に明らかにしておきますと、「ジョブ型」が日本企業の課題をすべて解決するという「ジョブ型礼賛者」ではありません。実際にコンサルタントとして人事制度構築を請け負う際にも、顧客企業の課題によって「ジョブ型」を推奨することもあれば、推奨しないこともあります。企業ごとに解決しなければならない課題は異なり、人事制度や諸施策も課題に応じて組み替える必要があります。特に、欧米で生まれた「ジョブ型」をそのまま導入しようとすると、さまざまなところに歪みが生じます。「ジョブ型」を導入するにしても、日本の雇用や労働慣行を押さえたうえで、日本企業にフィットするあり方を模索することが重要だと考えています。本書の『「日本版ジョブ型」時代のキャリア戦略』というタイトルには、そういう意味合いを込めています。

今、日立製作所や富士通、KDDIなどに代表される大企業が「ジョブ型」の導入を掲げて、改革を推進しています。そして、その動きに呼応するがごとく、多くの日本企業が「ジョブ型」についての検討を進めています。その是非を問うつもりはありませんが、多くの日本企業が「ジョブ型」に舵を切ろうとしている事実にはきちんと向き合わねばなりません。日本企業が堰をきったように「ジョブ型」を志向するのには、れっきとした理由があります。本書のなかでは、「ジョブ型」へ移行をしようとする日本企業の共通する課題や、日本型雇用や労働慣行の兼ね合いなどを解き明かし、個人が自立的なキャリアを構築していくための実践的な方策を提言していきます。

本書の構成は、第1章・第2章でキャリアを取り巻く外的環境の変化について解説していきます。第3章以降では、個々人のキャリアデザインについて提言をしていきます。「ジョブ型」に関する構造をきちんと理解するという点では、第1章から順番に読んでいただくことを推奨します。第1章から順番に読んでいくことで、日本型雇用や人材マネジメントを含む全体像を含めて理解しやすいように構成しています。

本書は、日本企業で働かれているビジネスパーソンのキャリア指針になることを目的として執筆しています。そのため、普段、雇用や人事のことに接点のない方に対しても、できるだけ理解しやすいように平易な言葉を使うようにしました。雇用や企業人事の専門家や実務者の視点からすると、やや物足りない部分はあるかも知れませんが、その点はご容赦いただければ幸いです。

また、本書はこれからキャリアを構築しようとする20～30代の方々のキャリア支援を念頭において執筆したものです。副題の「38歳までに身につけたい働き方のかたち」はそのことを意識しています。しかし、40代以降の方にとっても、これからのキャリアを考えていくうえで、知っておいた方が良いエッセンスを盛り込みました。

筆者は、すべてのビジネスパーソンが、日本社会の「ジョブ型」シフトのなかで、変化を正しく見極め、各人が納得できる輝かしいキャリアを送っていただきたいと強く願っています。それでは、早速、キャリアの扉を開いていきましょう。

「日本版ジョブ型」時代のキャリア戦略——目次

第1章 会社任せのキャリア形成はリスクが高すぎる

第2章

「ジョブ型」時代の到来とその背景

第3章

これからのキャリアの捉え方

第4章

押さえておきたい5つの行動原理

第5章

「ジョブ型」時代のキャリアデザイン

第1章

会社任せのキャリア形成はリスクが高すぎる

「メンバーシップ型」を運営してきた日本企業では、
キャリア意識を強く持たなくとも、会社がうまく
仕事を配分し、階段をのぼらせてくれました。
ただ、テクノロジーの進化などを要因として
産業構造が大きく変わっている時代にあって、
もはや企業経営にその余裕はありません。
そうしたなかで台頭してきた「ジョブ型」
によって、個人がキャリア構築の主体になる
必要が生まれています。

キャリアに対する「意識の低い」日本人ビジネスパーソン

読者のみなさんは、ご自身のキャリアについて、どこまで真剣に考えているでしょうか。かなり真剣に悩んでいるという方もいれば、あまり考えきれていないと感じている方もいることでしょう。本書を手に取っていただいている読者のみなさんは、キャリアに対して何らかの課題意識をお持ちの方が多いと思いますが、周囲にはキャリアに対して無関心に見える方も結構いらっしゃるのではないでしょうか。

そもそも、キャリアとは何でしょうか。キャリアの語源は、ラテン語の「ｃａｒｒｕｓ：轍《わだち》、車輪の跡」とされています。旅をする馬車を思い浮かべてください。旅の途中では、さまざまな分岐点があります。右に行ったり、左に行ったりします。力いっぱい前進することもあれば、少し休憩を取ることもあるでしょう。ふと後ろを振り返ると、馬車の刻み付けてきた轍が残されています。キャリアとは、人生における轍です。特に職業人生における轍と捉えるといいでしょう。

図表1-1　キャリアに関する問い

現在のキャリアの満足度

	まったくそう思わない	そう思わない	普通	そう思う	とてもそう思う
●現在の勤務先に満足していますか？					
●現在の仕事内容に満足していますか？					

昇進に対する意欲

	まったくそう思わない	そう思わない	普通	そう思う	とてもそう思う
●現在の会社で管理職になりたいと感じますか？					

進退に対する意識

	まったくそう思わない	そう思わない	普通	そう思う	とてもそう思う
●現在の勤務先で継続して働きたいですか？					
●他社に転職したいですか？					

自己研鑽の意欲

	まったくしていない	あまりしていない	普通	している	とてもしている
●あなたは勤務先以外での自己啓発※をしてますか？					

※**自己啓発に含まれるもの**：読書、研修等への参加、資格取得のための学習、語学学習、通信教育、副業・兼業、ボランティア等の社会活動、大学・専門学校等

みなさんが社会人になって、経験してきた数々の職場経験の軌跡がキャリアです。そして、今まさに踏み出そうとするその一歩もキャリアです。過去・現在・未来を含めて、歩もうとする（歩んできた）職業人生における道筋をキャリアと呼ぶのです。

キャリアを真剣に考えているかどうかという問いは、5年後・10年後の職業人生における未来を見据えて、次の一歩をどのように歩むかを真剣に考えているかどうかという問いでもあります。そのことを考えるために、図示したキャリアに関する問いに答えてみてください（図表1-1）。

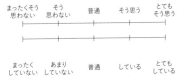

結果はどうだったでしょうか。これらの問いは、あなたが自身のキャリアに対して、どのように捉えているかを明らかにするものです。「現在のキャリアの満足度」は、自身がおかれている状況をどのように捉えているかを示します。「昇進に対する意欲」「進退に対する意識」は、今後のキャリア観に関する設問です。キャリアを今の環境下で前に進めるか、違う場所や道を探そうとしているか、どのような道筋に進もうとしているかを明らかにします。そして、「自己研鑽の意欲」は、今後のキャリアに向けて準備の意識を持っているかどうかです。

あらためて問いに答えようとすると、答えに詰まる方も多かったのではないでしょうか。4種類、6つの設問について、「そう思わない」「まったくそう思わない」という答えが多かった方は、キャリア意識がやや欠けている、ということになるでしょう。

実は、この調査項目はパーソル総合研究所が2019年におこなったAPAC14カ国における意識調査の調査項目を抜粋したものです。同意識調査は、キャリアに対する国際的な意識の違いを明らかにしており、日本人ビジネスパーソンにとって非常にショッキングな内容になっています。次ページのとおり、調査項目のすべての項目において日本人ビジネスパーソンは最下位のスコアとなったのです（図表1‐2）。しかも、下から2番目の国と比べても、段違いに低い項目が複数出ています。順番に解説しましょう。

まずは**「キャリアの満足度」**についてです。日本人ビジネスパーソンのうち、現在の勤務先および仕事内容に満足感を感じている社員は50～60％程度しかいません。半数近くの社員が不満を抱きながら、会社に行き、仕事をこなしているのです。これは、非常に残念なことですが、決して驚くべきことではありません。日本人ビジネスパーソンのキャリアに対する満足度が低いという結果を裏付ける調査研究はこれだけではないのです。

コーン・フェリーがおこなっている社員エンゲージメント調査では、社員が会社に貢献したいと考える「社員エンゲージメント」の日本のスコアは世界で最下位です。

また、ギャラップ社がおこなっている「エンゲージメント・サーベイ」でも、調査した139カ国中132位と世界最低レベルであるという調査結果が出ています。日曜日の夕方にサザエさんを観ると憂鬱になる「サザエさん症候群」などは、日本人ビジネスパーソンの低いキャリア満足度を象徴していると言えるでしょう。

図表1-2 **国際的なキャリアに対する意識の違い**

※単位:%

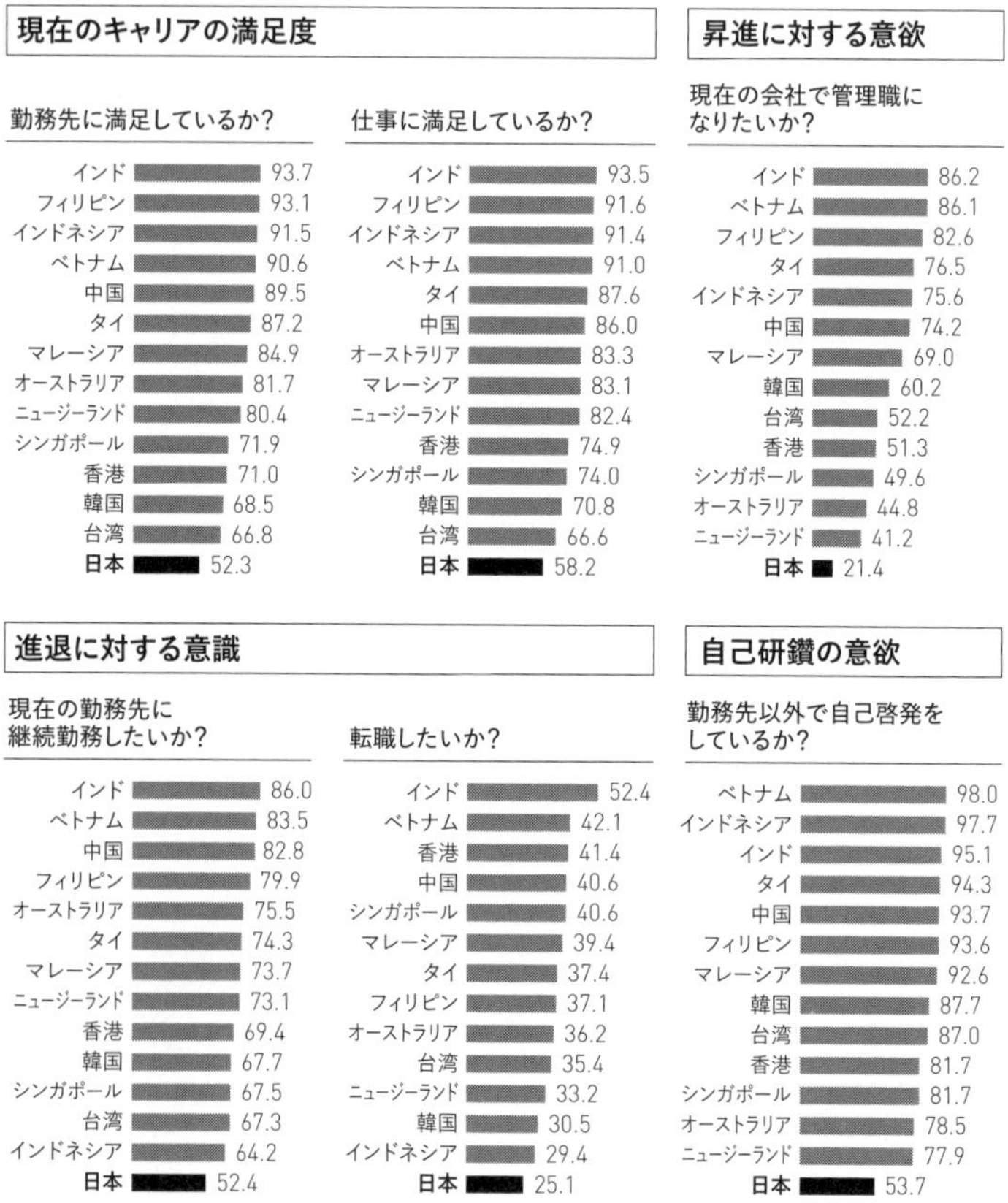

出所：パーソル総合研究所「APAC就業実態・成長意識調査（2019年）」をコーン・フェリーで加工
調査概要：APAC14カ国（日本、中国、韓国、台湾、香港、タイ、フィリピン、インドネシア、マレーシア、シンガポール、ベトナム、インド、オーストラリア、ニュージーランド）の主要都市の20～69歳の男女に対するインターネットでの定量調査。各国1000サンプルを対象とし、性別・年齢による均等割付をしている。

次に、**「昇進に対する意欲」**です。日本人ビジネスパーソンのうち、管理職への昇進意欲を持つ社員は20％程度です。5人中4人は管理職になりたくないと思っているのです。これも、非常に残念な調査結果ですが、驚くべきことではありません。筆者も、さまざまな企業での人事制度導入を支援していますが、昇進意欲について若手・中堅社員にヒアリングをしてみると、かなり多くのネガティブな意見を耳にします。

「管理職になっても、責任が増えて大変になる」
「残業代が出ない分、管理職になっても給料は増えない」
「上司の働き方に魅力を感じない（ロールモデルがいない）」

ほとんどの人が、判で押したようにこの3つの理由を挙げます。

コーン・フェリーでは報酬調査サービスもおこなっていますが、日本の報酬カーブを他国と比較してみると面白い傾向を見て取ることができます。次ページの「図表1 - 3」は、縦軸に報酬水準、横軸に職務価値の大きさをとった図表になります。日本企業は新卒レベルでは世界でもトップクラスの報酬ですが、エグゼクティブクラスになると下位グループ

図表1-3　国際的な報酬水準の違い

各国の報酬カーブイメージ（年間総収入）

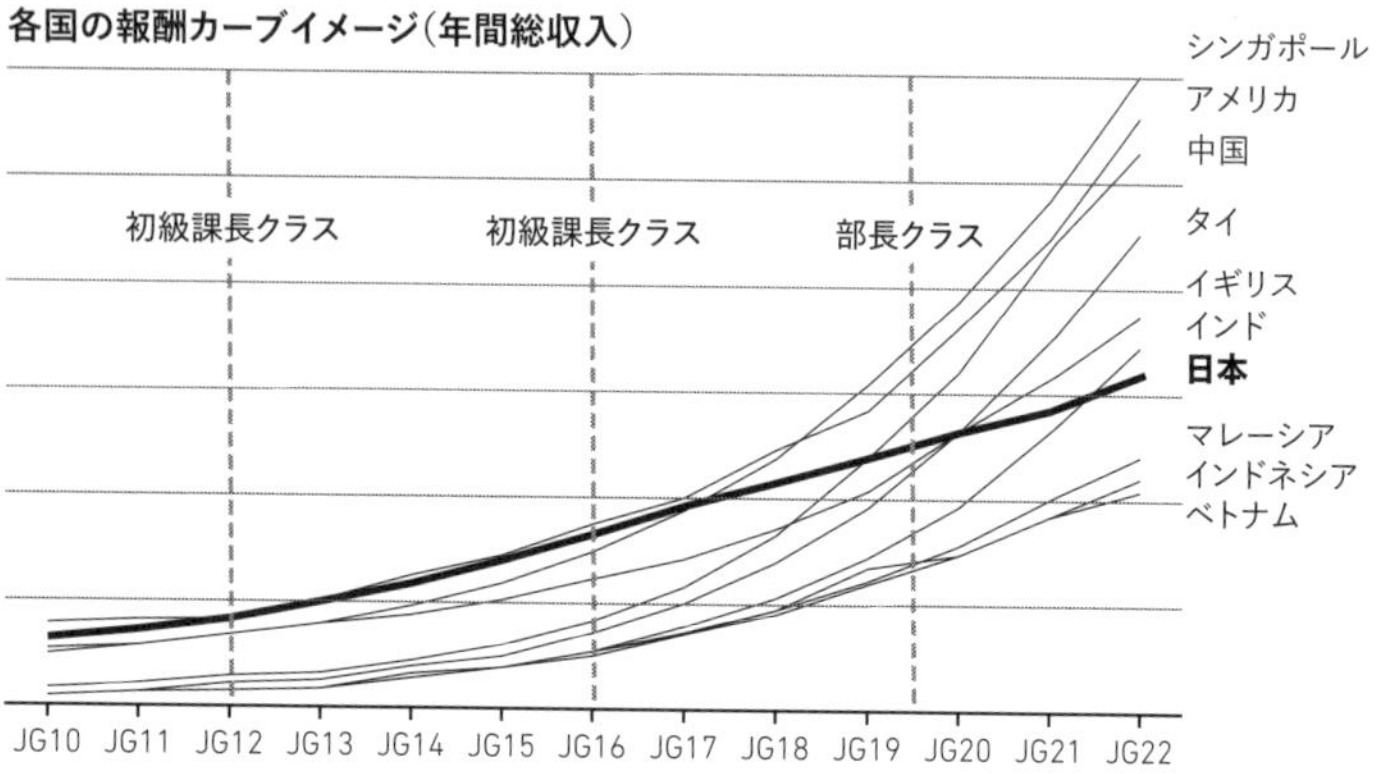

※JGとは職務の大きさ（Job Size）の比較のため、汎用性のあるようコーン・フェリーで等級化したもの（ジョブグレード）

出所：コーン・フェリー　報酬調査（2017年）

に入ります。多くの国では職責アップとともに等比級数的に報酬が引き上がりますが、日本はそれほどでもありません。これは、日本の報酬カーブは職責との相関性が低いことを示しています。簡単にいうと、偉くなったり、貢献度の大きな仕事を任されたりしても、収入は上がりにくいカーブなのです。もちろん、昇進意欲は収入だけに喚起されるものではありませんが、責任や負担が増えるのに収入が増えないのでは、昇進意欲が湧かないのも仕方がないかもしれません。

次は、**「進退」**についてです。日本人ビジネスパーソンで継続勤務をしたい人は約50％、転職したい人は約25％といずれも最下位となっています。「キャリアの満足度」で確認したとおり、現在の勤務先や仕事内容に満足している人が少ないので、当然継続勤務をしたい人が少ないことは頷けます。しかし、「転職したい」とまで強い意向を持つ人も少ないことには、驚かされます。

転職に関する意向の低さは、大きく3つの理由があります。「転職市場の未成熟」「社内外の人材価値ギャップ」「キャリアの暗転リスク」です。転職市場は徐々に開かれていますが、まだまだ未成熟です。企業は人材の社内充当を基本としており、市場に魅力的な求人が出てきにくいのが1つ目の理由です。2つ目の社内外の人材価値ギャップは、社内では人材価値があっても社外では人材価値を認められないことを指します。例えば、4～5年単位で職場や職種を転々とするゼネラリストは、分かりやすい市場価値はつきません。社内では、ビジネスプロセスや人脈を熟知して重用されますが、社外では複数の領域を浅く経験した人材としか見なされません。日本企業の多くは、これまでゼネラリスト育成を主体としてきており、社内外の人材価値ギャップのある社員が比較的多いといえます。転職しようとしても、自分の価値を市場では認めてもらえず、年収ダウンになるのでは、あまり前向きになれないのは仕方がありません。3つ目はキャリアの暗転リスクです。日本社会は失敗に不寛容な社会です。転職先で失敗して、雇用の場をなくしてしまうと、元のレールに戻ることは難しくなります。転職をきっかけに、キャリアが暗転してしまうリスクを考えると、なかなか転職に踏み切るのは勇気がいることです。結果、多少の不満があっても、我慢して働き続けるという構図になるのです。

最後は、**「自己啓発」**についてです。自己研鑽に勤務先以外で取り組んでいる日本人ビジネスパーソンは半数程度です。日本以外の国のビジネスパーソンが8割近い水準であることを考えると、段違いに「学び」に対する関心度が低いと言えるでしょう。これも、残念な結果ですが、さまざまな調査データからも同様の結果が出ており、事実と受け止めざるを得ません。

基礎教育を受けた人が就職後に大学などの教育機関で学びなおしをすることを「リカレント教育」と呼びます。2017年のOECDの調査では、25歳以上の高等教育機関への入学者がOECD平均で16・6%であるのに対し、日本は2・5%と世界最低レベルです。日本人ビジネスパーソンは、絶望的なほど「学びなおし」をしていないのです。

あらためてキャリア意識について振り返ってみると、次のような傾向があると言えます。

〈日本人のキャリア意識〉

■勤務先や仕事に満足をしていない
■現在の会社で昇進したいという上昇意欲は少ない
■現在の勤務先に継続勤務はあまりしたくない
■しかし、転職したいわけではない
■自己研鑽に対して積極的ではない

こうして並べてみると、不満はあるが、状況打破に向けた行動はとらず、「消極的な現状維持」を求めているように見受けられます。まさにキャリアに対する「意識が低い」のです。

しかし、実はこれは必ずしも日本人ビジネスパーソン個々の責任ではありません。**日本社会や日本企業が「働き手」である日本人ビジネスパーソンに「キャリアに対する無思考」を求めてきた**のです。次項では、そのメカニズムを明らかにしていきます。

キャリア構築の主体は会社ではなく、個人へ

今までの日本企業は、「メンバーシップ型雇用」と呼ばれる雇用スタイルをとってきました。「メンバーシップ型雇用」とは、新卒一括採用による、職務の合意がない日本独特の雇用スタイルです。「一括」という言葉が示すように、ある程度の人員数をひとまとめに採用します。配属まで、どのような職務につくか分からないのが、今までの日本企業の雇用でした。配属後も、会社は職場や職種の転換を社員に命じることができます。会社が任命権を持って、配置・異動を柔軟におこなえることは最大の特徴といえるでしょう。

一方で、海外は「ジョブ型雇用」とされています。海外の雇用は、欠員補充が原則です。組織に必要な職務（ジョブ）を担う人材が不足していれば、必要なだけピッタリ採用するのです。それも、求められる職務（ジョブ）に合った能力・経験を持つ人材をピンポイントで採用するのです。会社も応募者も職務に相互合意をしているので、会社が一方的に配置・異動させることはできません（図表1 - 4）。

図表1-4 メンバーシップ型雇用とジョブ型雇用

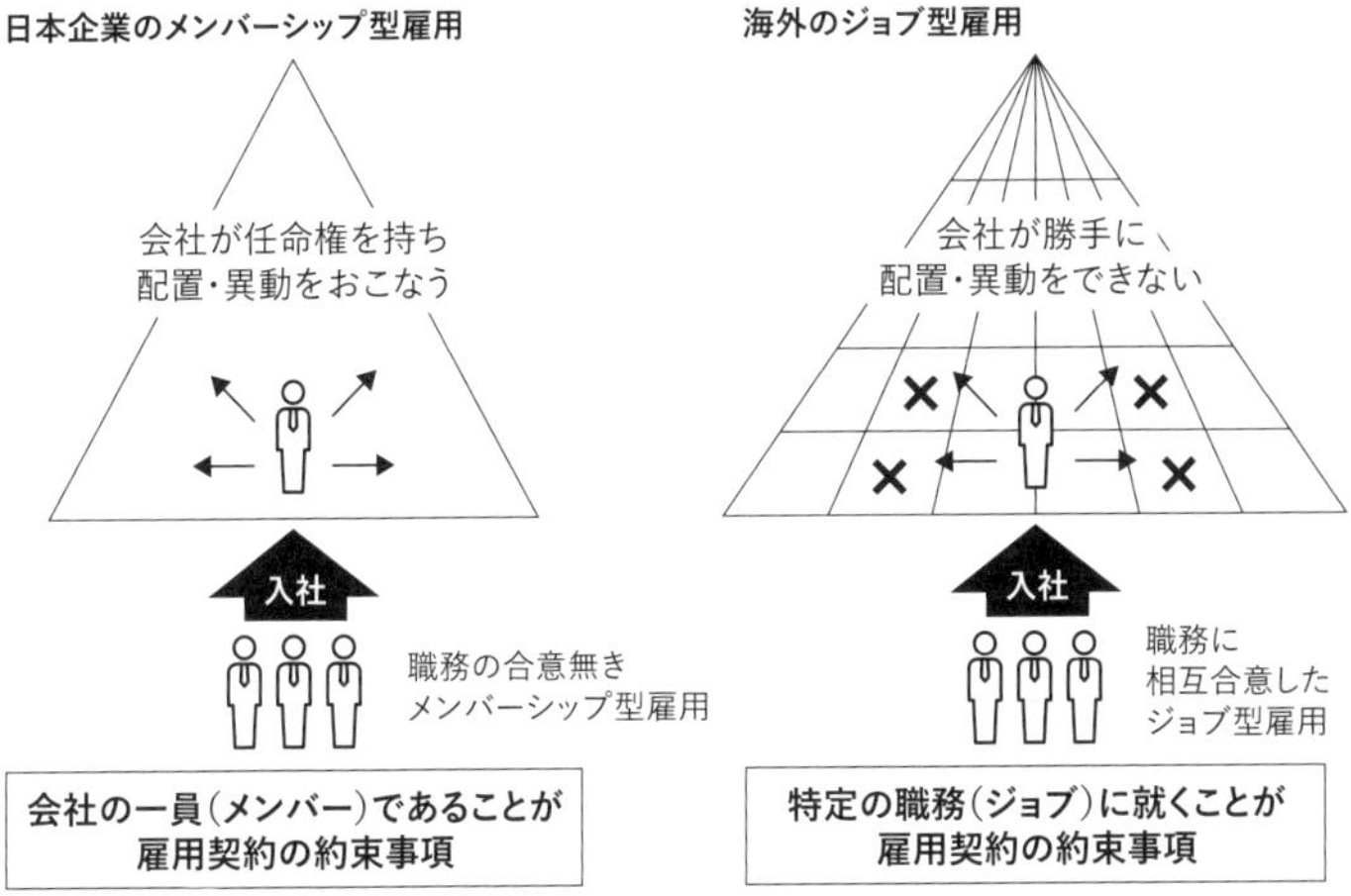
日本企業のメンバーシップ型雇用
会社が任命権を持ち
配置・異動をおこなう
入社
職務の合意無き
メンバーシップ型雇用
会社の一員（メンバー）であることが
雇用契約の約束事項
海外のジョブ型雇用
会社が勝手に
配置・異動をできない
入社
職務に
相互合意した
ジョブ型雇用
特定の職務（ジョブ）に就くことが
雇用契約の約束事項

両者の違いは、働く人のキャリア意識に強く影響を及ぼしています。会社が強い任命権を持って配置・異動をさせる「メンバーシップ型雇用」が、日本人ビジネスパーソンのキャリア意識の低下を招きました。簡単に言うと、会社が任命権という圧倒的に強いパワーを持つため、社員に「キャリアの自己選択」という意識を芽生えさせにくくさせてきたのです。

キャリアとは、個人の将来・未来と過去をつなぐ意思決定の積み重ねです。しかし、今までの日本企業においては、ひとつひとつの職務経験を自分の意志で決めるというよりは、会社が決めることが多かったといえるでしょう。配属先や定期異動に一喜一憂するのは、日本企業における風物詩です。職務内容、勤務地などについても、会社に任命権があるため、自分で決めることができません。もちろん、なかには意向を聞き入れてもらったり、拒否することができたりするケースもあるでしょうが、そのようなケースは限られています。日本社会においては、任命権を会社が持つことは普通であり、社員個人がコントロールできる範囲を超えているという「諦め」に似た共通認識が存在します。会社は社員に対し、暗黙のうちに「キャリアに対する無思考」であることを求め、社員は「会社任せのキャリア」に陥ってしまうのです。

かつては、会社が社員のキャリアを丸抱えする雇用スタイルがうまく機能していたといえます。会社は、社員が余計なことを考えずに仕事へ邁進することを期待していました。衣食住に関する充実した福利厚生や終身雇用を与え、社員に安心できる環境を提供してきました。その代わり、会社は社員に忠誠を求めてきたのです。職務や勤務地に対する選択権を社員から取り上げ、社員にそれを受け入れさせてきました。いわば、親と子のような力関係を築いてきたのです。

しかし、時代は巡り、会社と社員を取り巻く環境は大きく変わりつつあります。かつては、「会社任せのキャリア」で良かったかもしれません。しかし、これからの時代は、そのような会社任せのキャリア意識で生き残っていくのは難しくなっていくことでしょう。これからは、間違いなく、個人の主体的なキャリア意識が重要な時代になってきます。極端なことを言うと、主体的なキャリア戦略を持つか持たないかで、人生に対する充実感や豊かさに大きな格差が出てきます。その理由は大きく2つあり、「企業の存続の不確実性」と「ジョブ型へのシフト」です。

なぜ、キャリアの主体が個にシフトすべきなのか
理由① 企業の存続の不確実性

「会社任せのキャリア」は、会社が存続して初めて成り立つものです。しかし、会社を取り巻く環境は不確実性を増しています。自然災害や破壊的イノベーション、規制緩和や国家間の対立など、一企業でコントロールできる範囲を超えた外的環境の変化は容赦なくおそってきます。いかに優良企業だったとしても、その不確実性の波からは逃れられなくな

っているのです。

コロナ禍は、その不確実性を大きく実感させられるできごとです。盤石であった交通インフラ（航空・鉄道等）産業は人の移動の制限に伴い大きな痛手を負いました。東京オリンピックに向けて、インバウンド需要を見込んでいたホテル業界や飲食業界なども需要が蒸発し、一気に景気は冷え込みました。産業・業界そのものが大きく沈んでしまうと、一企業の力で流れそのものを変えていくことは難しいことは言うまでもありません。

また、イノベーションやテクノロジーの進化によって産業そのものの存続が揺らいでいくことは珍しくありません。有名な例で言えば、フィルム業界が挙げられます。ビジネススクールでよく取り上げられていますが、２０００年代にデジタルカメラが普及したため、カラーフィルムの世界需要は２０００年をピークとして、約10年で10分の１以下に落ち込みました（図表１‐５）。

一方、Ａｍａｚｏｎをはじめとした I T企業は、既存のリアル店舗である家電量販店・スーパーなどの大きな脅威となっています。２０１９年の電通の調査によると、Ｇｏｏｇ

図表1-5 カラーフィルムの世界総需要推移

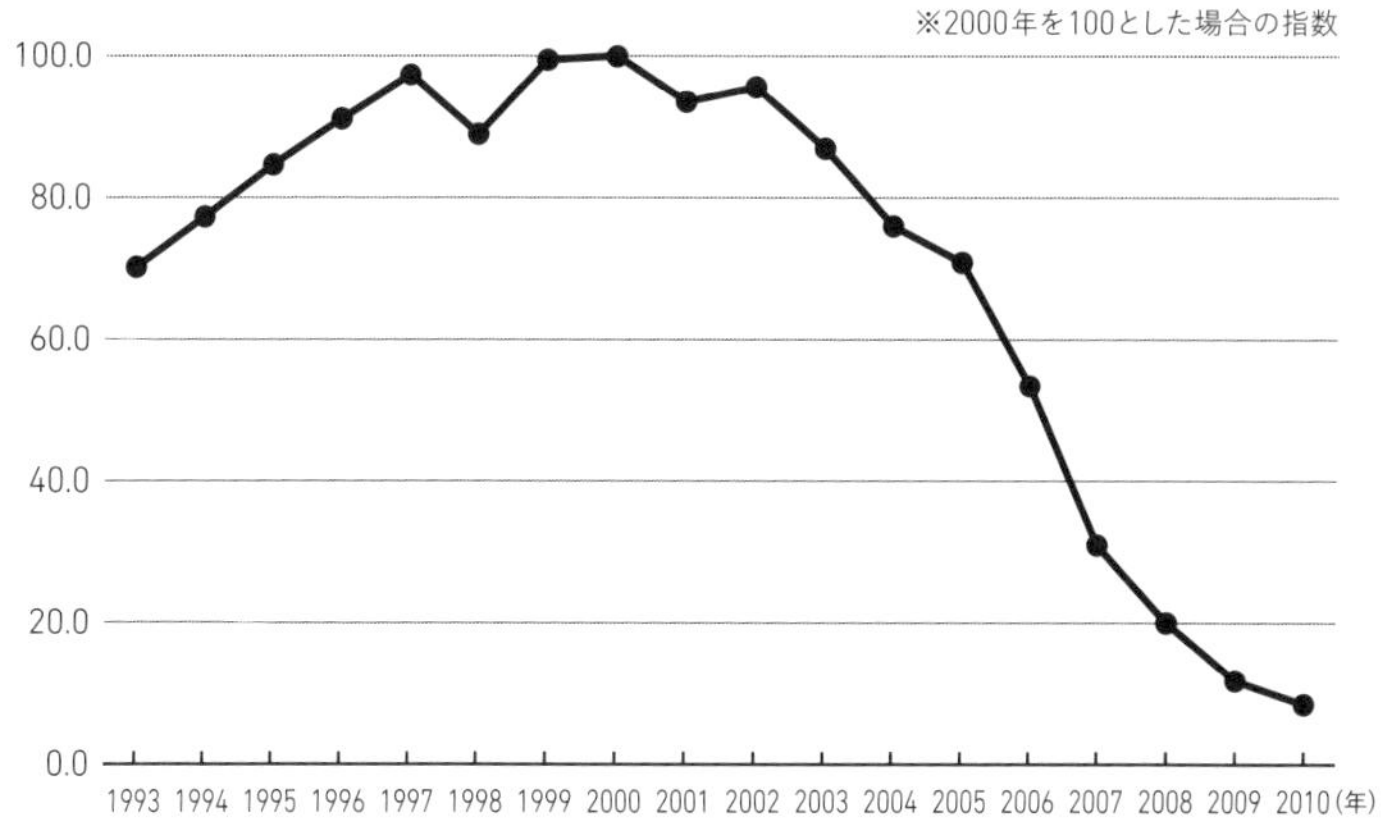

出所：富士フイルム発表資料をもとに作成

le／Facebookなどの大手プラットフォーマーの台頭により、インターネット広告費はテレビ広告費を超えたとされています。メディアの王様だったテレビがその地位を脅かされつつあることが、企業の広告宣伝費のシフトからもうかがい知ることができます。

ありとあらゆる産業で新しいテクノロジーによる変化の波が押し寄せ、新たな製品・サービスが生まれ、いくつかの製品・サービスが消えていっているのです。

もはや未来永劫、盤石な会社というものは存在しません。会社という器に対する信頼性がなくなっていく以上、「会社任せのキャリア」はリスクでしかありません。日本政府としては、高齢者雇用や定年年齢延長などを推進し、雇用の安全性を強化する動きを進めています。しかし、会社という器そのものが消滅するリスクが高まっていくなかにおいては、この国家政策もあまりあてにできません。

2019年に経団連の当時の会長である故・中西宏明氏が「終身雇用の見直し」に関する発言をおこない、大きな話題となりました。多くのメディアが日本的な終身雇用の崩壊の象徴として取り上げましたが、発言内容をきちんと読むと、会社の雇用維持の困難さだけではなく、社員が自立的にキャリア構築をする必要性を訴えていることが分かります。

「終身雇用を前提に企業運営、事業活動を考えることには限界がきている。外部環境の変化に伴い、就職した時点と同じ事業がずっと継続するとは考えにくい。働き手がこれまで従事していた仕事がなくなるという現実に直面している。そこで、経営層も従業員も、職種転換に取り組み、社内外での活躍の場を模索して就労の継続に努めている。利益が上がらない事業で無理に雇用維持することは、従業員にとっても不幸であり、早く踏ん切りをつけて、今とは違うビジネスに挑戦することが重要である」

（2019年5月7日　定例記者会見　経団連発表　※傍線筆者）

これからは、個人の就労期間は間違いなく長期化します。日本は少子高齢化が進んでいます。公的年金や健康保険などの社会保障は、高齢化が進むと国家負担は重くなります。一方で、生産人口が減っていくため、税収は減っていきます。1960年代には現役世代9人で1人の高齢者を支える「胴上げ型」でした。しかし、2012年には現役世代2・4人で高齢者1人を支える「騎馬戦型」、2050年には現役世代1・3人で高齢者1人を支える「肩車型」へと突入することが予測されています。少子高齢化が続くと、支出は増え、収入が減るため、いずれ破綻します。それを避けるためには、国民にできるだけ長く働いてもらうか、年金や社会保障を切り下げていくしかないのです（図表1-6）。

2019年に金融庁がまとめた報告書に、「公的年金では、ゆとりある老後の生活資金として2000万円不足する」という趣旨の報告があり、「老後資金2000万円問題」として大きな波紋を呼びました。これからの人口予測をみると、とてもではないですが、「左うちわの年金生活」というのは望めないでしょう。また、介護保険や健康保険も現在

図表1-6　日本の人口推移

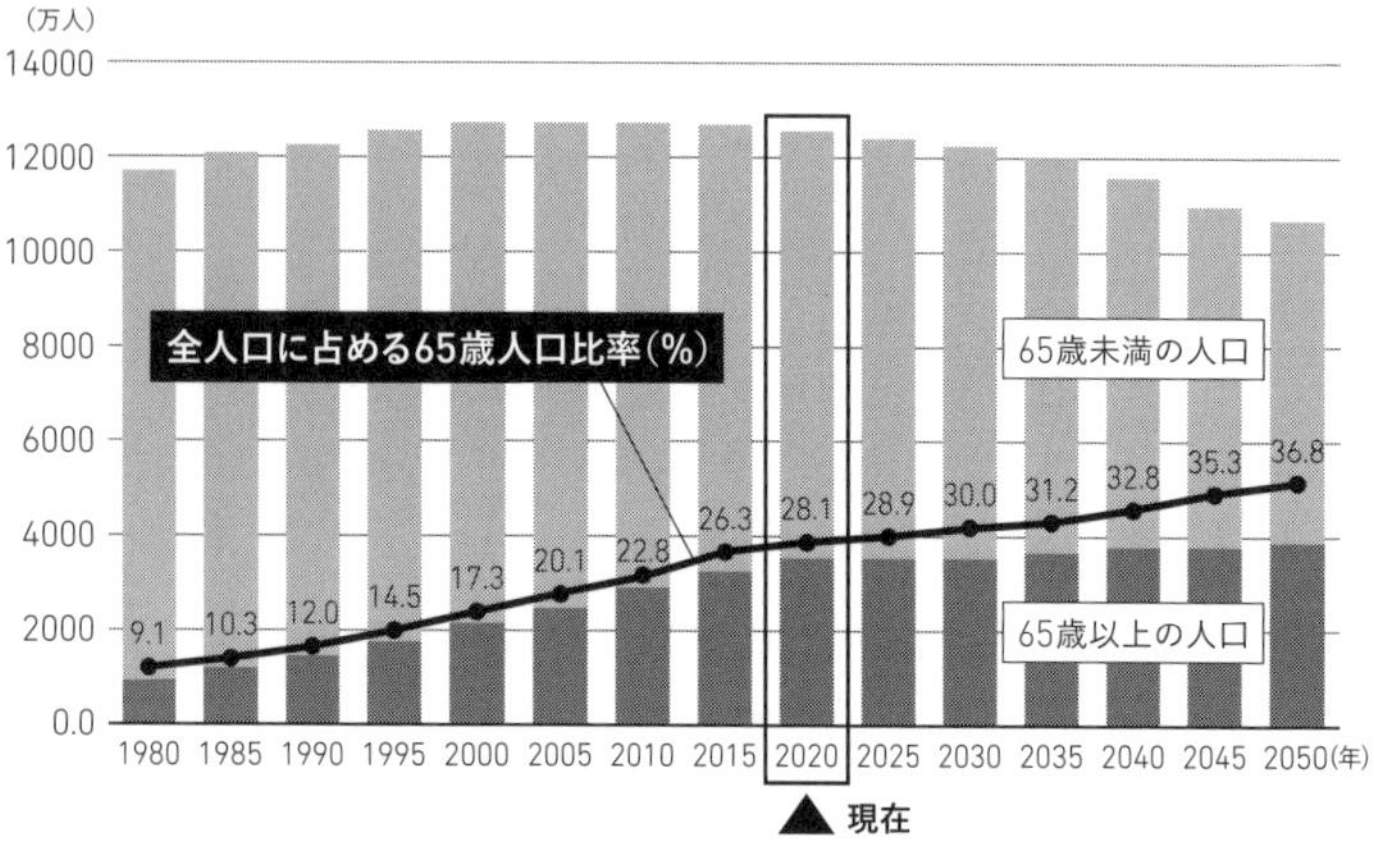

出所：内閣府「高齢社会白書」（令和元年版）をコーン・フェリーで編集

の水準を維持できる保証はありません。現在、働き盛りの30代・40代は、少なくとも70歳くらいまでは働き、自身の老後生活を自分で支えるという意識を持たねばならないのです。

では、70歳まで働かなければならない時代が来たとして、新卒入社から定年退職までの長い期間、果たして企業は存続し続けられるものでしょうか。また、仮に存続したとして、入社時に従事した事業が、その後、定年まで残っているでしょうか。そのような可能性はかなり低いと言えるでしょう。現在、世の中にある事業も、20年後には姿を変えているはずです。そのような社会環境のなか、いつまでも「会社に依存したキャリア」を歩んでいていいわけがありません。それでは、会社や事業の存続が危ぶまれたときに、一緒に沈んでいくしかなくなってしまいます。いざというときに、別のキャリアへ飛び移れる準備をしておかねばならないのです。

なぜ、キャリアの主体が個にシフトすべきなのか
理由②　ジョブ型にシフトするから

個としてのキャリア戦略の重要性が増してくるもう1つの理由は「ジョブ型へのシフト」です。「ジョブ型」については、詳細を後述しますが、日本企業の多くはこれから、従来のメンバーシップ型の利点を残しつつ、海外の「ジョブ型」のエッセンスを取り入れた「日本版ジョブ型」を推し進めていくことでしょう。現在、「ジョブ型」に関する言説はさまざまあり、その粒度はバラバラです。例えば、以下のような意見はさまざまな識者から出ています。

■日本はジョブ型に移行しなければグローバル競争のなかで生き残れない

■ジョブ型は日本企業に馴染まず、安易に飛びつくべきではない
■コロナ禍でテレワークが広がり、ジョブ型を企業は取り入れざるを得なくなっている

それぞれが、異なる立脚点に基づき、主張しているため、相互の議論が交わることはありません。これは、次章で解説しますが、雇用と人材マネジメントを一緒くたにしているので、分かりにくくさせているのです。

まず、雇用は入社時点の約束事項です。企業にはすでに「メンバーシップ型雇用」での雇用契約を結んで正社員雇用をされている社員が多くいます。これらの雇用を会社の都合で一方的に「ジョブ型雇用」に変えることはできません。また、「メンバーシップ型雇用」の要因でもある新卒一括採用はその人事獲得の効率性の良さから、なかなか企業が手放すことはできません。つまり、雇用は変えたくてもなかなか変えられないのです。

日本企業が課題視しているのは、雇用より人材マネジメントです。人材マネジメントでは、「処遇」と「仕事の進め方」に大きな課題があります。「処遇」は、従来の日本企業の主流は「人基準」であり、年功的な処遇に陥りがちでした。これを「職務（ジョブ）基

準」に是正したいというわけです。個々の担当する職務（ジョブ）の職務価値に応じて処遇を決定する「ジョブ型」処遇へのシフトを進めようとしているのです。

「仕事の進め方」も人基準から職務（ジョブ）基準に変わろうとしています。従来の日本企業は職場に在籍する人材（リソース）から「できること」を組み立てる組織運営をしてきました。次章で詳述しますが、さまざまな理由から、この人中心の組織運営に無理が生じるようになってきました。そのため、戦略やゴールを実現するために、最適な組織・職務を設計し、職務に合う人材（リソース）を配置していくようにシフトしつつあるのです。これこそ、職務（ジョブ）を起点としたアサイメントであり、ジョブ型の人材マネジメントといえます。

では、ジョブ型人材マネジメントへのシフトは、個人のキャリアにどのような影響を及ぼすでしょうか。ひと言でいうと、従来のような各人に合わせたきめ細やかな仕事の分担や成長を見込んだローテーションを会社から与えられる機会は減っていきます。「人起点」で考えるのではなく、「ジョブ起点」で考えていくようになるからです。

従来は、個々人に合わせて丁寧に小さなキャリアの階段が積まれていたものが、組織要請による大きなキャリアの階段に変わっていきます。また、階段をのぼれそうになければ、最初からアサインされなくなるのです。また、処遇は職務の貢献価値によって決まるため、キャリアの階段をのぼる人とのぼれない人で大きな処遇格差が生じてきます。

私が「個人の主体的なキャリア意識」の重要性を説く理由は、まさにここにあります。キャリアとは、過去・現在・未来に続くひとつひとつの職務経験の積み重ねです。キャリアの最小単位は職場でのアサイメントです。職場のアサイメントも、確実にゲームのルールが変わりつつあります。**そのゲームのルールを正しく把握していなければ、いつの間にかキャリアの階段をのぼれなくなることも起こり得ます。**

今までは、「会社任せのキャリア」でも、「誰でもキャリアの階段をのぼれる」時代でした。しかし、ゲームのルールを知って、キャリアの階段を意識しないとのぼれない時代に変わってきているのです。そして、長期にわたり就労を余儀なくする現代では、会社の存続性も危ぶまれます。キャリアに対する備えのないビジネスパーソンは、不本意なキャリアを歩んでも文句は言えません。「ジョブ型時代」を生き抜くには、自立的なキャリア意識が必須であることは言うまでもないでしょう。

本章では、日本のビジネスパーソンのキャリア意識について述べてきました。企業の存続の不確実性と「ジョブ型」への移行によって主体的なキャリア意識を持つことの重要性を指摘しましたが、次章ではその「ジョブ型」について詳しく見ていくことにしましょう。

第1章 まとめ

キャリアに対する「意識の低い」日本人ビジネスパーソン

■各種調査から、日本人ビジネスパーソンのキャリアに対する意識が国際的に見て低いことがわかる。

■そのキャリア意識の傾向は、不満はあるが、状況打破に向けた行動はとらず、「消極的な現状維持」を求めているように感じられる。

■これは必ずしも、個々の責任ではない。日本社会や日本企業が「キャリアに対する無思考」を求めてきたからである。

キャリア構築の主体は会社ではなく、個人へ

■今までの日本企業は「メンバーシップ型雇用」であり、会社が任命権を持って配置・転換を柔軟におこなってきた。それにより社員はキャリアを会社任せにしてしまった。

■しかし、もはやそのような意識では生き残りは難しい。個人の主体的なキャリア意識が重要になる。

なぜ、キャリアの主体が個にシフトすべきなのか

■理由は2つ。イノベーションやテクノロジーの進化などにより産業の構造変化が起こり企業の存続が不確実になったこと、そしてジョブ型にシフトすること。

■ジョブ型人材マネジメントへのシフトによって、従来のような各人に合わせたきめ細やかな仕事の分担や成長を見込んだローテーションは減っていく。

■確実にゲームのルールは変わりつつある。キャリアの階段を意識しないとのぼれない時代に変わってきている。

COLUMN

自分らしいキャリアを見出し充実した人生にするカギを握る中盤期

70歳までの職業人生を考えると、前半期（20代〜30代）、中盤期（40代〜50代）、後半期（60代〜70代）の大きく3つに区分できるでしょう。ホップステップジャンプではありませんが、前半期に助走をおこない、中盤期に踏み切り台に踏み込み、後半期はその勢いを活かして飛ぶことをイメージするといいでしょう。この期間のうち、特に重要な期間は中盤期です。本書でメイン読者と想定しているのは前半期の終わり近くで、中盤期に臨もうとしている年代の方です。中盤期は、まさに職業人生で最も脂の乗っている期間とも言えます。この期間に仕事と生活の両面で充実したキャリアを歩めるかどうかが、キャリア全体に大きな影響を及ぼします。

中盤期で踏み切り台に踏み込めるかどうかが、後半期のキャリアを大きく左右します。コーン・フェリーでは、世界中のリーダーに対する人材アセスメントをおこなっていますが、人生の後半期に社会的な成功を収めるキャリアの方は、すべからく中盤期に厳しくも充実したキャリアを送っています。具体的には、次のような経験をキャリアの中盤期に積んでいます。

■新規サービス・企画の立ち上げ
■組織・事業の立ち上げ、再編、閉鎖
■海外赴任、海外拠点でのマネジメント
■M&Aなどの事業上の交渉
■全社的な変革プロジェクトの推進

誰もがみんなから賞賛されるような輝かしい経験をするわけではありません。しかし、自分のなかで「代表作」とも言える経験を積むことが重要です。先述の経験を抽象化すると、「始める」「変える」「止める」という3つの要素でできていることが分かります。たとえ、規模は小さくとも、「始める」「変える」「止める」の3要素を含む仕事は、貴重な経験になります。これは「意思」の入った経験だからです。逆に言うと、流されるように日々の仕事をしていても、自分の「代表作」となるような経験は積めません。新しい企画を提案する、効率的に業務プロセスを変えてみる、無駄な業務を思い切ってやめてみる、といった身近なことでかまいません。自分なりの「意思を込めた経験」を積み重ねることが重要なのです。

「意思を込める」という点では、私生活と仕事の両立も中盤期の重要なテーマです。私生活と仕事にどのような優先順位をつけるか、パートナーと合意できるか、いかに仕事を効果効率的に進めていくか、といったことを考え抜いて、自分の意志で決めていくことが大切です。仕事のうえでは、どこに力点を置き、どこは人に頼り、どこをペースダウンさせるかを自分で決めることを意識すると、自分らしいキャリアの歩み方が見えてきます。逆に、会社から言われるがまま仕事に全力投球し、家庭は家族に任せっぱなし、というのはお勧めできません。そのような前時代的な考えで仕事に取り組んでいると、家族は離れていってしまいます。

家庭はキャリアの支えです。キャリアはライフの上に成り立っており、キャリアとライフは不可分なのです。さまざまな家庭の形がありますが、私生活と仕事のバランスを考えて、自分らしいキャリアを見出すことが重要です。中盤期は、自分らしいキャリアを確立する時期なのです。

中盤期で「代表作」ともいえる経験を持つことや、自分らしいライフスタイルを確立することが、後半期の充実につながってきます。この時期を何となく会社任せであまり深く考えることなく過ごしていると、キャリアの後半期に不本意なキャリアを歩むことになりかねません。

キャリア全体を考えると、中盤期がいかに大切かご理解いただけたでしょうか。そして、中盤期に踏み切り台に飛び乗ってジャンプするためには、前半期の過ごし方が大切なのです。前半期はひらたく言うと、足腰を強くする時期です。この時期に長いキャリアを走り切る基礎力をつけなければなりません。社会人になってからリタイヤするまでの期間は50年もの長期にわたります。そして、最初に従事した事業や職種がそのまま残る可能性は低いといえます。中盤期・後半期に思わぬ想定外変化が起きても、それに耐えて適応できる基礎力を身につけることが、長いキャリアを走りぬく大事な備えになるのです。

第2章

「ジョブ型」時代の到来とその背景

新卒一括採用、定年制などを特徴とする
日本のメンバーシップ型雇用制度は、
これからも残っていくかもしれません。
しかし、人材マネジメントについては
ジョブ型へのシフトが進むと考えられます。
そしてコロナ禍により、テレワークと「ジョブ型」の
相性の良さも明らかになってきました。
ゲームのルールは変わりつつあり、いよいよ個人は
「自立的なキャリア」を自覚し、行動する
必要が出てきたと言えます。

雇用の面からみた「メンバーシップ型」と「ジョブ型」

本章では、個人のキャリアの前提となる日本社会の変化について、さらに解説を進めていきます。

ここまではメンバーシップ型とジョブ型の違いについて、人材マネジメントの観点から想定される変化を中心に解説してきました。ここからは、少し雇用の観点で違いに触れていきたいと思います。あらためて、メンバーシップ型雇用とは「職務の合意なき雇用」であり、ジョブ型雇用とは「職務を合意した雇用」を指します。日本のメンバーシップ型雇用は、新卒一括採用から来ています。新卒一括採用とは、文字通り、職務を定めずに「一括」で学卒者を採用する日本固有の採用スタイルを指します。この2つの雇用の違いは、雇用の安全性（ジョブセキュリティ）にも大きく影響を及ぼしています。「メンバーシップ型雇用」では職務についての合意がないまま雇用契約が結ばれているため、職務がなくなったからといって、雇用解消することは認められません。日本は「雇用が守られている」と言われるのは、このためです。会社は社員をメンバーと認めて受け入れた以上、雇用に大きな責任を担うのです。例えば人員削減を目的とした「整理解雇」は厳しく制限されています。その実施には、いくつかの要件がありますが、「解雇を回避する努力義務」が定められています。具体的には役員報酬や昇給停止などの経費削減や、配置転換・出向等の業務確保の努力が企業に求められているのです。実際に、これらの措置を取らなかったため、会社の権利濫用とみなされ、解雇が無効となった判例もあります。

それに対して、海外のジョブ型雇用は、原則、職務がなくなれば雇用解消になります。もちろん、社会不安が起こらないように、解雇に対する規制は国によってあります。しかし、職務に対して相互合意して雇用されているため、職務がなくなれば雇用継続する合理性はなくなるのです。

このジョブセキュリティの考え方の違いは、「定年」にも影響を及ぼしています。あまり知られていないことですが、「定年制度」を持つ国は世界のなかで少数派です。日本では、雇用の安全性が高いため、雇用の出口を設けないと、企業は延々と雇用を続けることが求められます。そのため、年齢で一律的に引退することを定めた「定年制」が広がったのです。逆に言うと、「定年」までは会社は雇用を続ける努力義務が課せられているのです。

一方で、世界ではむしろ、年齢によって一律的に雇用解消される「定年制」には否定的です。米国では、1960年代に年齢差別禁止法が制定されており、年齢による差別行為は禁止となっています。そのため、年齢によって一律退職を促す定年制は米国では違法です。EU諸国においても、年齢のほか、宗教・障害等による雇用差別は原則、禁じられています。国ごとの雇用政策上で特別な措置を講じることは許容されており、一部の国では定年制を採用している国もありますが、大半は定年制を持ちません。職務に合った最適な人材が職務に配置されるべきであり、年齢によって差別的に仕事を奪われることがあってはならないという思想なのです（図表2-1）。

日本における「メンバーシップ型」の是非を問う際に、新卒一括採用・雇用の安全性・定年の3つを押さえずに論じるのはバランスを欠きます。「新卒一括採用はナンセンスであり、やめるべきだ」「日本は雇用が守られすぎていて、雇用流動性を高めるべきだ」「終

図表2-1 世界の定年制度について

定年制なし			定年制あり
●米国	●チリ	●トルコ	**●日本**
●英国	●フィンランド	●ウクライナ	●フランス
●カナダ	●ハンガリー	●ウズベキスタン	●韓国
●イタリア	●ノルウェイ	●コロンビア	●中国
●スペイン	●ポーランド	●チリ	●シンガポール
●ロシア	●ニュージーランド	●ギリシャ	●フィリピン
●インド	●サウジアラビア	●エジプト	●タイ
●オーストラリア	●スイス	●クロアチア	●ベトナム
●メキシコ	●オーストリア	他多数	●スウェーデン　等

出所：ウイリス・タワーズワトソン調べ

身雇用は崩壊した」といった威勢のいい言説を目にする機会が増えてきましたが、これらは日本の雇用の全体像を捉えずに、ある特定の部分だけを捉えて論じているように見えます。

まず、日本は定年制のある国で、日本政府は高齢者の雇用促進を推進しているということを大前提として押さえなければなりません。社会保障費や年金の原資不足は高齢化が進むにつれ深刻化するため、この流れは不可逆です。高齢者の雇用促進は、「可能な限り長期にわたり雇用を続けてほしい」というジョブセキュリティの確保を意図した政策でもあります。定年そのものは、日本社会に既に強く組み込まれた仕組みであり、残さざるを得ません。定年制度が残る以上、日本企業は毎年、一定の人数が退職しています。また、職務と配置のミスマッチによる人材流出も見逃せません。大卒の新卒入社者の3割は入社3年以内に退職しており、定年以外にも一定数の退職が出ることを織り込む必要があります。この状況からすると、メンバーシップ型雇用の原因でもある新卒一括採用は続くものと考えられます。

新卒一括採用は、企業にとって実に効率的な採用手法です。学卒予定者が一斉に就職活動をおこない、その時期に広告宣伝や採用活動を合わせるので、人・カネの経営資源を効率的に投下できるからです。日本は正社員と非正社員の格差も大きく、一度レールに乗れないと、なかなか浮上することが難しい社会構造になっています。そのため、就活生を取り巻く教育機関や家庭も一丸となって就活生を応援する社会的なイベントにまでなっています。企業としては、定年退職などによって必ず毎年人員が抜けていくので、一定数の人員確保を計画的におこなわねばなりません。毎年のイベントであり、投資対効果や人員確保予測がつきやすい新卒一括採用は、計画的な人員確保にはピッタリであり、なかなか手放せないのです。

また、日本の教育も職業教育ではなく、普通教育が前提となっていることも、新卒一括採用による「メンバーシップ型雇用」の大きな要因になっています。医療や福祉などの一部の分野では専門化教育が進んでいますが、大学教育は基礎教養的な位置づけになっています。エンジニアなどの専門技術分野を除くと就職時に専攻課程はそこまで重視されません。企業側も職業教育は企業でおこなう、と考えています。一方で、米国などでは大学の専攻は重要視されます。経済学やファイナンスを専攻していなければ、たとえば銀行にはほぼ就職できないのです。

つまり、日本においては企業側にとっても就労側にとっても、職務の合意なき「メンバーシップ型雇用」は都合がいいのです。この構図が残る以上、新卒一括採用による「メンバーシップ型雇用」は存続すると考えられます。

確かに、職種別採用という「ジョブ型風雇用」は徐々に増えてくるかもしれません。あえて「ジョブ型風」としたのは、職種別採用は厳密に言えばジョブ型雇用ではないからです。職種という緩やかな括りはあるものの、個々の職務の限定した採用ではありませんし、原則的には会社が任命権を持ちます。例えば、マーケティング職種採用であれば、マーケティングの職種をはみ出た配属はありませんが、どのような製品・サービスを担当するかは未定のまま入社します。入社後も同じ職種のなかで、異動や配置転換をすることを考えると、メンバーシップ型雇用とジョブ型雇用の折衷案のようなものだと理解するべきでしょう。

このような職種別採用ができるのは組織が機能分化しており、十分な採用母集団ができる採用競争力の高い大企業に限られます。ただ、日本は中小企業の方が圧倒的に多い国です。2016年の経済センサスによると、企業数では大企業の割合は0・3%に留まり、99・7%は中小企業とされています。そのような日本の産業構造を考えると、職種別採用という「ジョブ型風雇用」が広く一般化することはないと考えられます。

ただし、一部の高度専門人材に限っていえば、入口から「ジョブ型雇用」が適用されています。例えば、AIやロボティクスのエンジニアなどです。専門教育を受け、海外企業でも引く手あまたの人材です。初任給1000万円などのニュースを耳にすることが増えましたが、特定領域の職務を担うことで合意する雇用スタイルです。これらの高度専門人材に対する雇用は「ジョブ型雇用」と捉えることができますが、現段階では少数派と言っていいでしょう。

人材マネジメントの面で「ジョブ型」にシフトする日本企業

では、現在、日本企業は「ジョブ型」へシフトしていると騒がれているのはなぜでしょうか。それが意味しているのは**雇用の構造ではなく、人材マネジメントがジョブ型にシフトしている**ということです。雇用のあり方をハード（基盤）だと捉えると、人材マネジメントはソフト（OS）といえるでしょう。人材マネジメントとは、「社員を動機づけ、方向づける仕組み」を指します。本来は、人材マネジメントはさまざまな概念の組み合わせなのですが、本書では分かりやすくするために「仕事の進め方」と「処遇」に焦点を絞ります（図表2-2）。

特に、日本企業が課題視しているのは、「処遇」であり、「貢献と処遇」のギャップです。日本企業は従来、「人」を中心として「処遇」を決めてきました。正確には、「人の能力」

図表2-2 日本企業のジョブ型へのシフトの構造

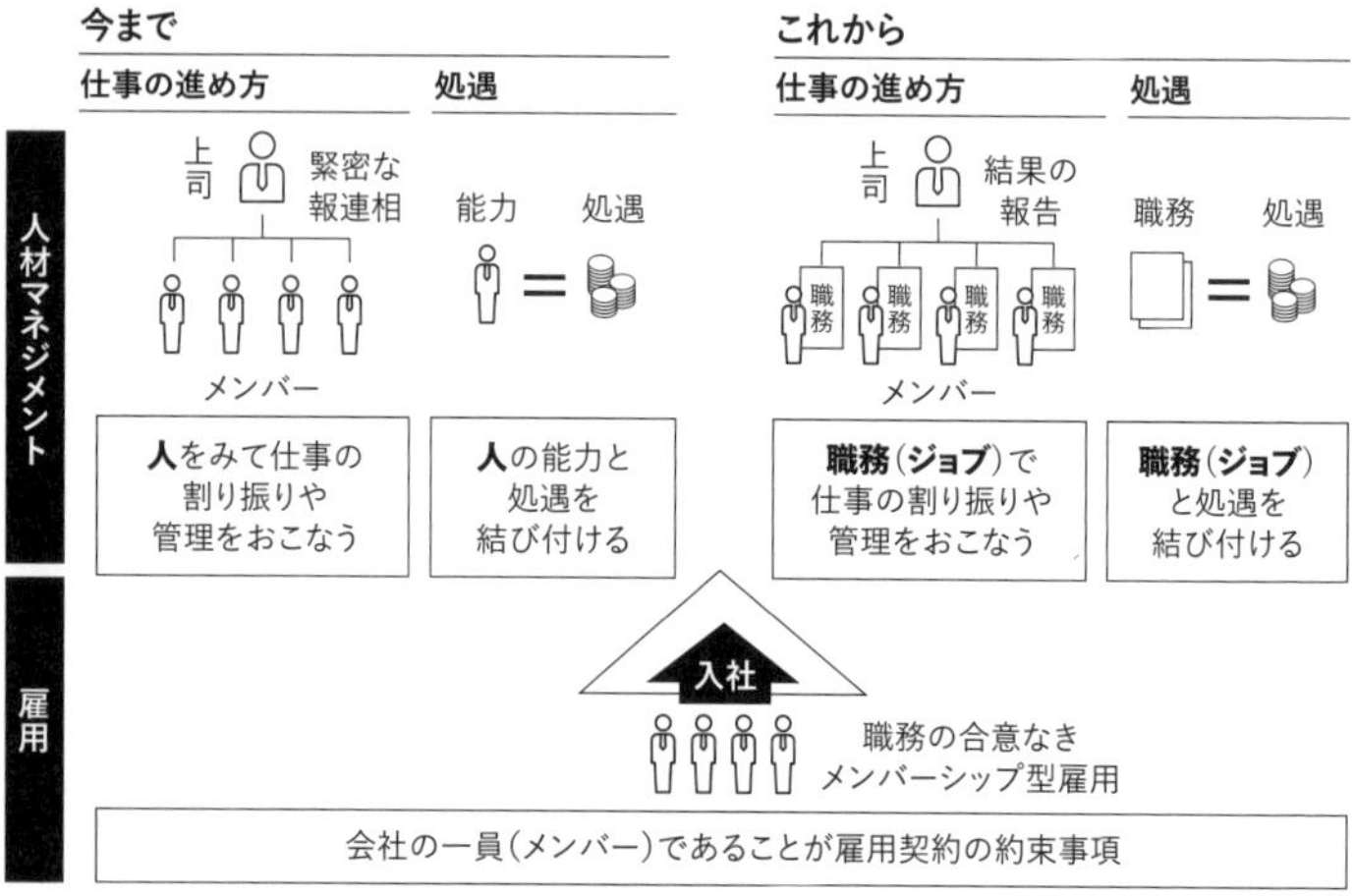
今まで
仕事の進め方
処遇
上司
緊密な報連相
メンバー
能力
処遇
人をみて仕事の割り振りや管理をおこなう
人の能力と処遇を結び付ける
これから
仕事の進め方
処遇
上司
結果の報告
職務
メンバー
職務
処遇
職務（ジョブ）で仕事の割り振りや管理をおこなう
職務（ジョブ）と処遇を結び付ける
人材マネジメント
雇用
入社
職務の合意なきメンバーシップ型雇用
会社の一員（メンバー）であることが雇用契約の約束事項

を人事処遇の中心に据えてきたのです。「職能資格制度」と呼びますが、人事制度の根幹である等級制度の判断基準は「職務遂行能力」だったのです。この「人の能力」中心の「処遇」は良い点と悪い点があります。良い点は、職務と関係なく、昇格をさせることができるため、中長期の人材の動機づけがしやすいことです。課長のポストに就かなくても、「課長相当の人」として、課長相応の処遇を得られるチャンスがあるので、社員にキャリアの夢を示せるのです。また、職務と処遇の関連性が低いため、人事異動などのローテーションが柔軟にできます。組織変更や人材配置が制約なくできる点はメリットと言えるでしょう。

一方で、欠点は「人の能力」を判定することは難しいため、年功序列的な運用になりがちなことです。また、職務と処遇のミスマッチが起こりやすくなります。具体的には、「大した職務はしていないが、高給となっている」例や、逆に「非常に重要な職務をしているが、低い給与に留まっている」などということが起きてしまうのです。

職能資格制度の大家である楠田丘氏も、その著書『職能資格制度〜その設計と運用』（産業労働出版協会）のなかで、職能主義は絶対評価による等級洗い替えが原則である、としています。異動があったとしても、一定の経過期間の間に相応の能力発揮が認められなければ、降格をおこなうことを推奨しているのです。しかし、日本企業の実際の人事運営のなかでは、その原則は守られていません。「一度獲得した能力は落ちない」という考えのもと、降格人事はほとんどおこなわれていないのが現実です。職能資格制度とは、その理論そのものが問題なのではありません。実際には、降格をおこなわない運用に問題の一因があるのです。それゆえ、日本企業は年功的な人事処遇に陥ってしまったのです。

筆者は「職能資格制度」が一概に悪いとは思っていません。むしろ、日本の高度経済成長を支えたのは「職能資格制度」による貢献も大きかったと考えています。急速に成長を遂げていく事業環境のなかでは、「職務」は目まぐるしく変化していきます。人手不足は深刻であり、新卒一括採用という日本独特の手法が確立しました。バブル期には、超大量採用がおこなわれ、人員の確保が最優先されました。つねに職場内に未経験者が入社してくるため、職場内でフォローし合うのは当然です。仕事も人も目まぐるしく変化するなかで、日本企業は流動的かつ柔軟に職場を運営してきたのです。また、労働市場も未成熟で、転職も一般的ではありませんでした。誰もが、「課長相当」まで出世することで、社員の忠誠心と求心力を保ち続けたのです。会社は、終身雇用を提供し、社員は社命に従い、どのような職務・勤務地でも受け入れてきました。まさに、会社が社員の人生やキャリアを丸抱えする時代であり、それが機能していたといえるでしょう。

しかし、多くの日本企業は歴史とともに、組織も成熟化してきました。以前より労働市場はオープンになり、徐々に市場流動性は高まりつつあります。そして、平成から続く不況により、日本企業に余裕がなくなってきました。これにより、「職能資格制度」は負のサイクルに突入したのです。

右肩上がりの業績が続くと、企業側も処遇の大盤振る舞いができます。「課長相当の人」が多少増えたところで、組織内に良い仕事が潤沢にあるので問題はありません。昇給や賞与も十分におこなわれるため、各自に不満は出ません。

しかし、業績が低迷すると、一気に状況は変化します。「課長相当の人」がたくさんいれば、高コスト体質となります。不況は、決して仕事を減らしてくれるとは限りません。むしろ、要求基準が高く、単価の低い過酷な仕事でも引き受けざるを得なくなります。そのような状況で大変なのは課長をはじめとした管理職です。顧客や他部門との折衝や経営陣からの業績圧力、部下の動機づけなど、さまざまな重責を担います。自分とは明らかに責任差がある「課長相当の人」が自分と同じ処遇を受ける、というのは納得がいくことではありません。

また、次代を担う有望な若手・中堅社員の流出も課題です。これらの人材は、それほど気が長くありません。会社が「活躍の場」を提供できなければ、さっさと見切りをつけて出ていってしまいます。しかし、人を中心とした「職能型」では、若手・中堅社員の抜擢・登用を阻害してしまうことがあります。すでに役職は年配社員に寡占されていたり、順番待ちの「課長相当の人」とされた待機社員が多くいたりします。先輩の待機社員を差し置いて有望な若手・中堅社員を抜擢・登用するのは、組織としてはなかなか難しいことです。そのため、若手の抜擢・登用が阻害されてしまうのです。

平成の時代は終わり、今は、決して不況ではありません。しかし、グローバル競争にさらされていることには変わりありません。筆者が顧客企業の経営陣と意見交換をしていると、彼らが持つ共通の想いは「強烈な危機感」であることがわかります。この年功的な「処遇」を維持しながらグローバル競争を戦い抜くのは厳しい、と強い危機感を持っているのです。かつては、「職能型」は職場の求心力をあげる機能を果たしましたが、今では高い職責を果たす人材や次代のエース社員の動機を減退させるリスクになってしまっているのです。

そして、もう1つ見逃してはいけないのが、職場の高齢化です。社会全体で高齢化が進んでいる日本では、企業に対する高齢者の雇用維持要請も大きく、70歳までの雇用努力義務が求められています。現在、多くの日本企業は60歳定年を機に再雇用により大幅に処遇を切り下げる対応をしています。これは、人件費コストを圧縮するという点で利点がありますが、本人の働くモチベーションを大きく減退させます。これまでは、シニア社員は少数派だったので、その弊害は顕在化しませんでした。しかし、これから職場の4〜5人に1人はシニア社員、という会社も出てきます。職場内にモチベーションの減退したシニア社員が溢れれば、職場の士気に大きな問題を抱えるでしょう。

そもそも、処遇を切り下げなければならないのは、処遇そのものが年功的であり、職務と処遇が分離されているからです。職務に見合った処遇であれば、引き下げる必要はまったくありません。しかし、能力伸長とともに処遇も引き上げていく「職能型」では、なかなか年功的処遇を脱却できません。だからこそ、企業の「ジョブ型」に対する要請が非常に大きいのです。会社は年功序列の脱却先として、各人の貢献度合い（職務価値）に応じて処遇を決める、公正性の高い「ジョブ型」を有効な選択肢と捉えているのです。例えば、カゴメは「ジョブ型」制度を導入している企業の1つですが、その理由を次のように掲げています。

カゴメグループは、2013年度より、従業員の多様化する働き方に対応するため「グローバル人事制度」の仕組みづくりを進めています。この制度は、全世界の従業員が自分に合うキャリアを自分で選択するテーラーメイド型の人事制度で、世界中どこにいてどんな仕事をしようとも公平な基準で評価され公正な処遇を受ける事ができることを目指しています。「『年功型』から『職務型』等級制度への移行（Pay for Job)」、「より業績／評価と連動した報酬制度への改革（Pay for Performance)」、「メリハリを付けた明確な処遇の実現(Pay for Differentiation)」を通じて、日本企業特有の年功的要素をなくしていきます。

（カゴメＨＰより　※傍線筆者）

職務（ジョブ）に応じて処遇を決めることは、公平性の実現であると明言しているのです。日本では「ジョブ型」への移行が騒がれていますが、世界からすると「ジョブ型」は当たり前であり、日本では極めて特殊な議論をしていると捉えるといいでしょう。

実は、日本は今までも「人か?」「ジョブ（職務）か?」という揺り戻しの議論を繰り返しています。「ジョブ型」という概念が新たに生まれたわけではありません。これまでも、何度か職務等級やグローバルグレードという名称で、「ジョブ型」の波は日本企業に

図表2-3 日本企業のジョブ型へのシフトの変遷

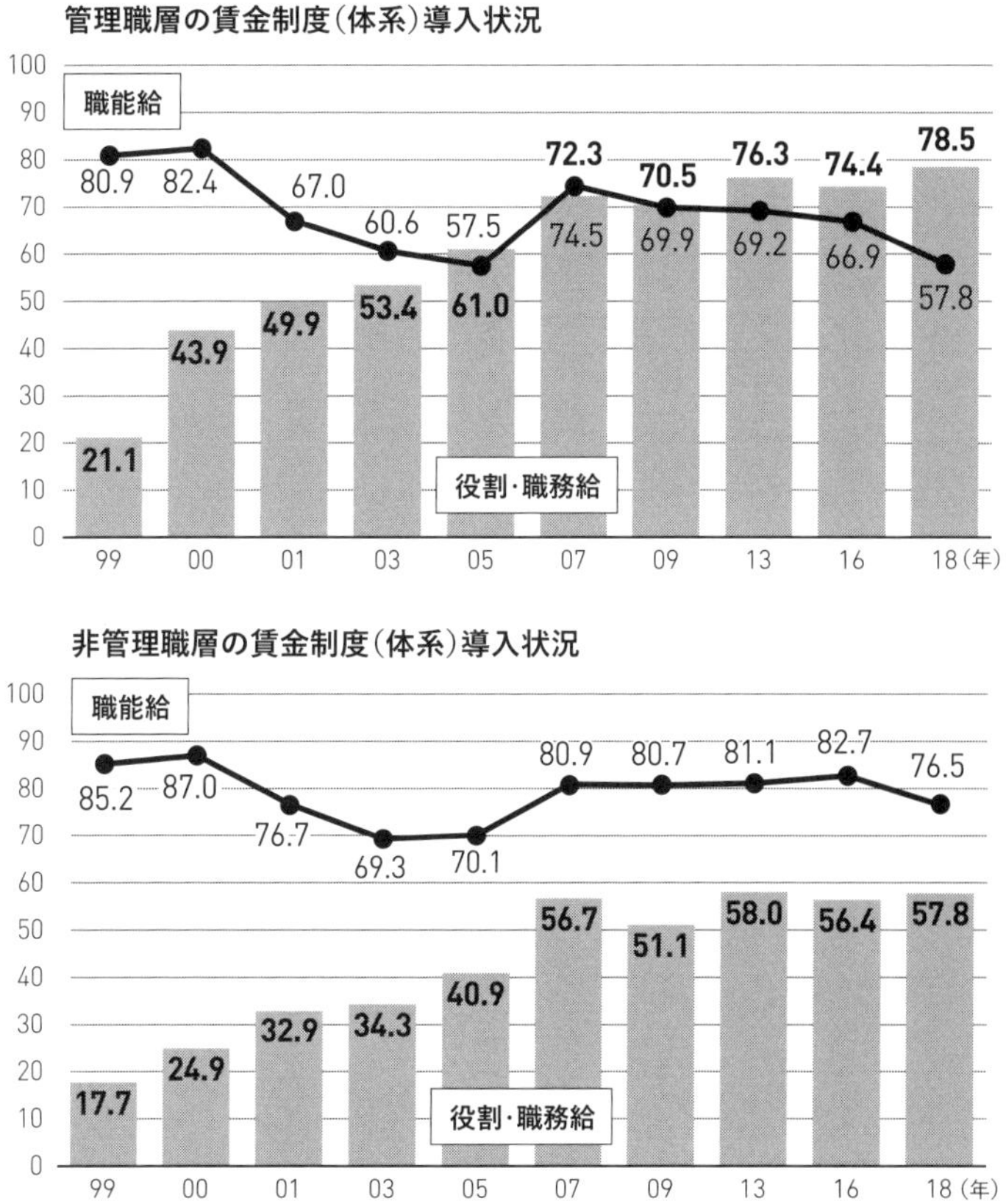

役割・職務給:役割・職責あるいは職務の価値を反映している部分
職能給:職務遂行能力の高さを反映している部分

出所:「第16回　日本的雇用・人事の変容に関する調査」(日本生産性本部)

きていました。今、「ジョブ型」が再び脚光を浴びているのは、日立製作所や富士通をはじめとした重厚長大で伝統的な日本企業が「ジョブ型」へ舵を切っているからです。その背景には、「人の能力」を「処遇」に結びつける「職能型」では人材を適切に動機づけ、方向づけることができなくなってきた、ということがあります。「図表2・3」は日本生産性本部の調べによる日本の賃金制度の推移です。日本企業は、2000年前後に成果主義とともに、また2010年前後にグローバル化とともに「ジョブ型」の波が来ました。それと呼応するように、役割・職務に関連した賃金制度の導入が増えています。今回の「ジョブ型」は大きな波ですが、たとえこの波が去ったとしても今後もおそらく「ジョブ型」の波は日本企業におとずれ、徐々に浸透していくものと思われます。

テレワークとの相性がいい「ジョブ型」

現在、日本企業が「ジョブ型」へシフトしようとしているもう1つの理由は、「仕事の進め方」の変化です。今までの日本企業の人材マネジメントは「人」を中心にした人材マネジメントでした。仕事の割り振り（アサイメント）は、メンバーの個々の能力や負荷を考慮しながらマネジャーが決めていました。職場内では、上司とメンバーは報連相を緊密におこないながら、仕事の割り振りの変更や他メンバーへのサポート要請などの調整をきめ細やかにおこなっていたのです。

この一見、当たり前の「人」を中心とした日本企業の柔軟な職場には、いくつかの問題が潜んでいます。前章でもいくつかの要素は触れましたが、重要なポイントなので、あらためて解説します。

①職場のパフォーマンスが上司の腕に大きく左右される

日本の職場は、良くも悪くも上司の腕次第、というところがあります。それは、「人」に合わせて職場運営をおこなっているからでもあります。海外では個々に職務（ジョブ）が定められており、職務（ジョブ）に合わせて人材を配置しているため、誰が上司に立っても一定の水準で仕事は回ります。ただ、コーン・フェリーの研究によると、上司のリーダーシップによって職場のパフォーマンスは30％程度の影響を及ぼし得ることが分かっており、誰でもいいというわけではありません。誰が上司に立っても「回る」、というだけです。

しかし、日本企業では、上司の腕によっては「回る」ことすら、難しいことがあります。日本の職場は「人」ありきです。メンバーの能力に合わせて、仕事を割り振り、報連相を通して、きめ細やかにフォローするマネジメントをおこないます。そもそも、上司がきちんと部下の能力を見極めて、適正サイズの仕事を割り振らなければ、無理が出てきてしまいます。そのためには、上司には将来を見通す予測・分析能力や部下を適切に導く能力が必要になります。

コーン・フェリーでは、管理職に昇格する候補者の能力を見極めるアセスメントの仕事を請け負うこともありますが、候補者のなかにも能力の幅が相当あります。「名選手、名監督ならず」という言葉もありますが、プレイヤーとして優秀だからと言って、管理職として優秀とは限りません。管理職で求められるのは采配です。メンバーに仕事を割り振る前に、その仕事が将来的に直面する障害や影響度の大きさ、メンバーの能力やキャパシティなどを見極めなければなりません。「自分も過去にできたから、メンバーでもできるはずだ」では通用しません。メンバーが仕事をしやすくするために、役員や他部門との折衝をおこなうことも必要です。実際に、このような動きができるかどうかは、上司次第です。

海外の職場でも上司の采配は重要ですが、そもそも「職務ができそうな最適な人」が配置されており、そこまでの問題は生じません。しかし、日本の職場は決して「職務ができそうな最適な人」が配置されているわけではありません。経験の長いベテラン社員から、他部門から異動してきた社員、新卒や第二新卒などの若手社員など、さまざまな人材から混成されています。パズルのように「誰に何ができそうか」を考えて、当てはめていくことが必要になります。ここで、ミスマッチが起こると、「炎上」が起きてしまいます。「できる上司」は、きちんとメンバーの能力を見極め、ストレッチな課題をメンバーに偏りなく与えます。しかも、上手くメンバーを焚きつけて、やる気を出させたりします。しかし、「できない上司」は、あまり深く考えずに仕事を割り振って、後で大変なことになったり、過度にエース社員に仕事を振ったりします。えてして、職場内の負荷の偏りや不満の温床になります。「できる人がやればよい」という日本の職場では、職場でトラブルが起きたら、他のメンバーもフォローを依頼されることは珍しくありません。上司によっては、無限に業務が増えていくブラック職場に変貌するリスクもあります。残念ながら、現在の企業の管理職教育は、リーダーシップや職場マネジメントをあまり体系的に取り扱っていません。コンプライアンスや評価者研修など、必要な知識教育中心であり、各自が実地で覚えていくしかないのです。上司の腕による「人」のマネジメントはリスク要因なのです。

②職場メンバーの多様化が進み、「人」の能力・キャパシティが複雑になっている

また、職場の多様化は進んでいます。ベテラン社員から若手社員までスキルや経験の幅はあることはすでに触れましたが、意欲や働き方という面でも多様化しています。かつては、日本企業の職場は、会社に忠義を尽くし、バリバリ働く男性社員が中心でした。しかし、育児・介護の事情を抱える社員も増えています。育児・介護は女性社員だけの課題ではありません。共働きが当たり前になりつつある現代では男性社員の課題でもあります。仕事での成功よりも生活の充実を望む傾向にあるミレニアル世代・Z世代もいます。また、定年退職を前に再雇用の処遇で継続勤務をしているシニア社員もいます。グローバル化した企業では、海外にいる外国人と同じ部署のメンバーとして働くケースも出ています。「人」に合わせて仕事を振るということが、それほど容易《たやす》いことではなくなりつつあるのです。これらの「人」の事情は、個々のライフイベントによって変わってきます。変数が

増えすぎてしまい、「人」ごとに丁寧に割り振っていくことが難しくなってきているのです。

③個々人の職務が曖昧で、「働かない人」が出てくる

職務の線引きが曖昧なことは、柔軟な職場運営ができる一方で、デメリットもあります。それは、「働かない人の出現」です。

職務の線引きが曖昧であるため、日本企業の意思決定の仕方も独特です。ひらたく言うと、みんなで決めて進めていく「集団意思決定」です。日本企業では、何かの取り組みを始めようとすると、関連する人を次々と巻き込んで進めていきます。多少、関連性が薄くても、「あの組織には声をかけた方がいい」「あの人には参加してもらった方がいい」という判断により、取り組みに参加する人数が膨れ上がった経験を持つ方もいるのではないでしょうか。

このみんなで決めていく「集団意思決定」は一人一人の仕事の責任意識を希薄にします。社員は、日々、さまざまな取り組みに巻き込まれていきます。そのなかには、いろいろな取り組みに参加しているものの、責任を持たない立場の社員も出てきます。批評家のよう

に、さまざまな意見を言うが、自分では何もしようとしない。何か依頼すると、いろいろな理由をつけて回避してしまう。「働かないオジサン」と揶揄するメディアもありますが、会社に対して建設的な貢献をおこなっていない社員です。もちろん、性差や年齢に関係なく働かない社員は出てきますが、特に男性中心で年功的な人事処遇を続けてきた日本企業にとっては、中高年の働かない男性社員は看過できない問題です。

「社会的手抜き」と呼ばれますが、人は集団で共同作業をおこなう場合、メンバーの人数が増えるほど1人当たりの貢献度が低下することが分かっています。20世紀初頭にフランスのリンゲルマンという農学者は、1人で綱引きをするときに用いる力を100%とし、集団で作業をおこなうときの力の量を測定しました。その結果、2人のときは93%、3人のときは85%、8人のときは49%まで低下しました。みなさんも、神輿かつぎなどで、ほとんど力を入れていない担ぎ手がいることは目にしたことがあるかもしれません。

この「社会的手抜き」の要因は、①当事者意識が下がること、②自分が怠けても集団の成果が期待されること、③努力しても報酬が変わらないこと、④集団のなかで自分だけが評価される可能性が低いこと、とされています。これは、いわゆる「大企業病」と呼ばれる構図に非常に似ています。大企業という大きな集団で、みんなにまぎれて仕事をすることで、知らず知らずに手抜きをしてしまう人が出てきてしまうのです。

④物理的な分断に弱い

このように、「人」中心の仕事の割り振りには、いろいろと無理が出ていました。そして、コロナ禍による物理的な分断が起こり、テレワークと「人」基軸のマネジメントとの相性の悪さが露呈したのです。日本企業は、「人」に合わせて仕事を割り振り、報連相をおこないながら、丁寧にすりあわせていくスタイルをとってきました。これは、職場に物理的に集まり、上司が自然に職場内の状態を理解・把握できることで成り立っていました。メンバーの表情や声色、出勤・退社時間、プライベートの充実度合いなど、さまざまな情報をもとに日本の職場では、空気を読んで、仕事の差配がおこなわれていました。しかし、「分断」が生じていくことで、この日本独特の丁寧なマネジメントが上手く機能しなくなったのです。

一方で、職務（ジョブ）を明確化する「ジョブ型」とテレワークの相性はいいといえま

図表2-4 **ジョブ型人事制度の導入理由**

導入・検討中の理由（複数回答）

(n=41)

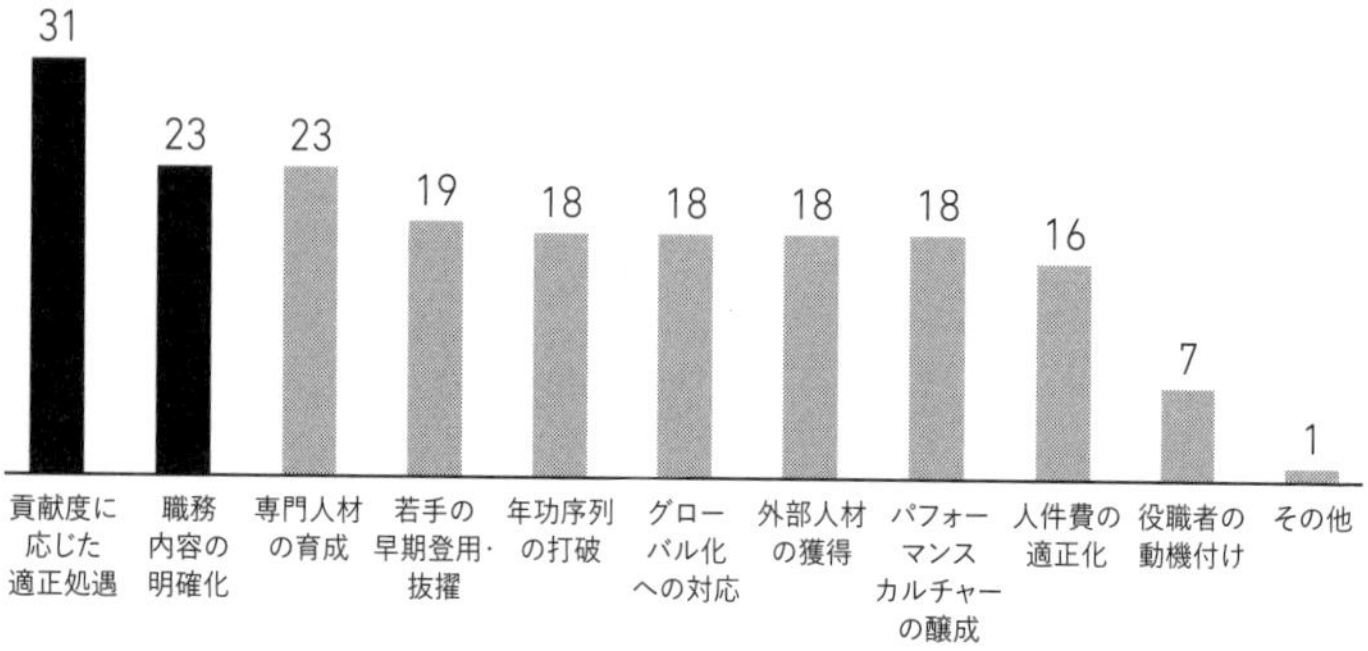

出所：ジョブ型人事制度の実態調査（コーン・フェリー）2020年4月～5月

す。筆者も、コロナ禍の前から積極的にテレワークを推進している外資系ＩＴ企業の人事部長にインタビューをしたことがあります。その際に、人事部長が強調していた成功の秘訣は、人事の原則は職務であり、Pay for Jobが根づいていることです。マネジャーが職務（ジョブ）を明確に割り振り、職責を果たして成果を上げることが当たり前に根づいているので、どこで働いても構わない、となるのです。果たすべき職務やゴールが明確で、成果を重視する文化であれば、ある程度の仕事のカタマリで「任せる」ことでもスムーズに物事は進んでいきます。職場で仕事しようが、在宅で仕事しようが、判断の基準は成果であることには変わりがないため、テレワークと相性がいいのです。

このように、すでに日本企業の「人」に合わせた「処遇」や「仕事の進め方」には無理が出てきており、コロナ禍によって、その無理は露わになりました。もちろん、「ジョブ型」に転換すれば、すべてが上手くおさまるようなものではありません。それでも、日本企業はさまざまな課題の解決の方策を模索しており、「ジョブ型」のなかに解決の糸口を見出そうとしているように、筆者には見受けられます。実際、2020年にコーン・フェリーがおこなったジョブ型人事制度の実態調査においても、「貢献度に応じた適正処遇」「職務内容の明確化」が導入理由の上位を占めています（図表2-4）。

日本企業が、人材マネジメントの面で「ジョブ型」を志向している理由は分かっていただけたでしょうか。一方で、雇用の面では、新卒一括採用による「メンバーシップ型」を継続する日本企業が大半でしょう。そのため、日本企業は「ジョブ型」といっても、海外企業のそれとは異なる独自の「日本版ジョブ型」を作ろうとしているといえます。

「日本版ジョブ型」のポイントは以下の通りです。

図表2-5 多くの日本企業が選択するであろう今後の「日本版ジョブ型」の構造

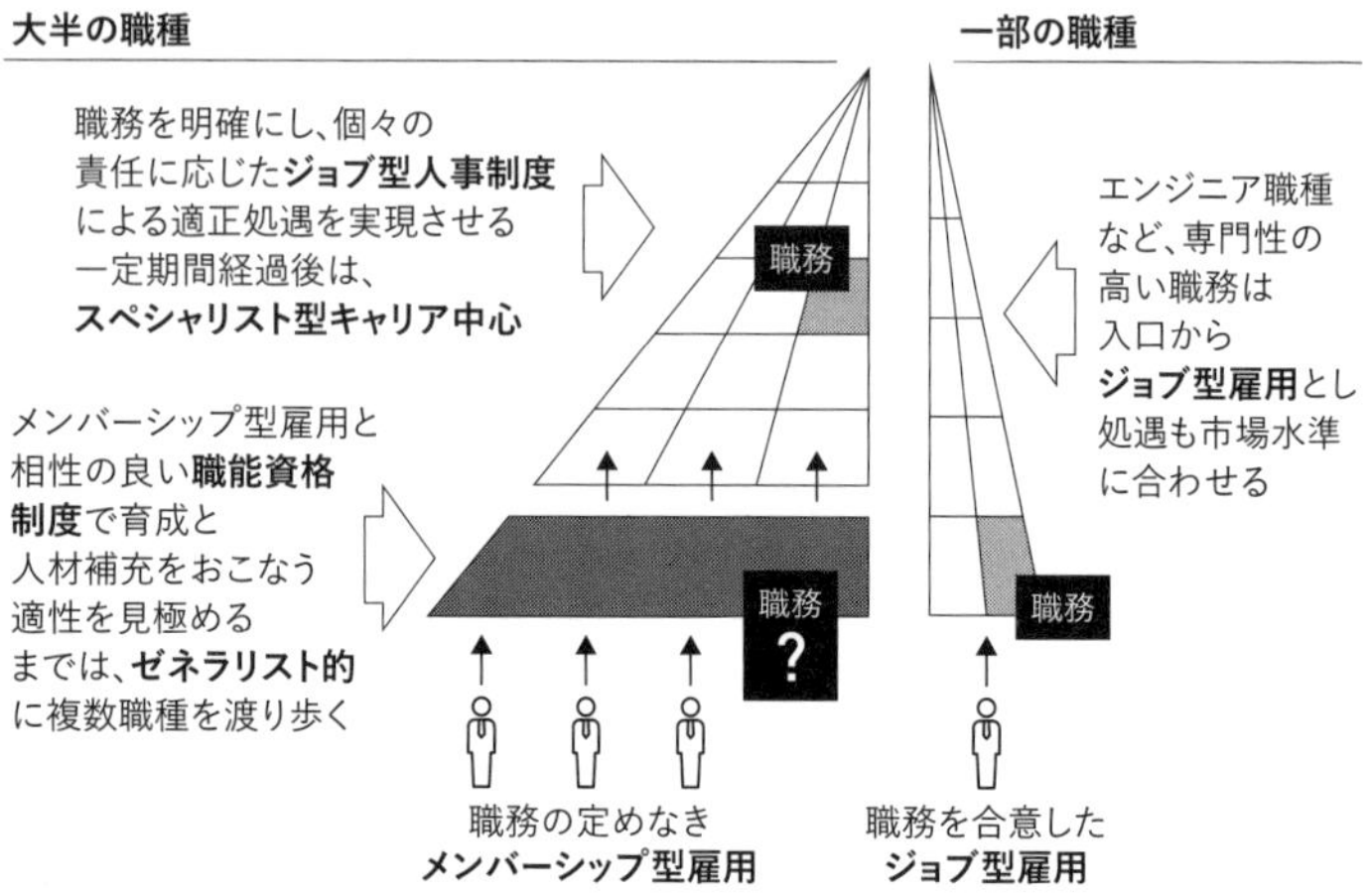

大半の職種
一部の職種
職務を明確にし、個々の責任に応じたジョブ型人事制度による適正処遇を実現させる
一定期間経過後は、スペシャリスト型キャリア中心
職務
メンバーシップ型雇用と相性の良い職能資格制度で育成と人材補充をおこなう
適性を見極めるまでは、ゼネラリスト的に複数職種を渡り歩く
職務
?
エンジニア職種など、専門性の高い職務は入口からジョブ型雇用とし処遇も市場水準に合わせる
職務
職務の定めなき
メンバーシップ型雇用
職務を合意した
ジョブ型雇用

■大半の職種では、職務を限定しない「メンバーシップ型」雇用を維持する

■入社後、一定階層までは複数の職場を経験する「ゼネラリスト育成」をおこなう。異動と相性の良い「人の能力」に応じた職能型制度が適用される

■一定階層以上は、職務を明確にし、職務価値に合った処遇とする「ジョブ型」人材マネジメントをおこなう。一定階層以上の異動は少なくなり、「スペシャリスト育成」が主流になる

■会社は任命権を持ち続け、社員の雇用は原則的に守られる

■一部の高度専門人材は、「ジョブ型」雇用と「ジョブ型」人材マネジメント

の適用対象となる

つまり、今の雇用の枠組みを壊さない範囲で、「貢献度に応じた適正処遇」「職務内容の明確化」というエッセンスを盛り込んだ日本独自の「日本版ジョブ型」を作り上げているのです（図表2-5）。実は、この構造は目新しいことではありません。すでに、成果主義やグローバル化とともに先行して「ジョブ型」を取り入れた日本企業は、ほとんどこの構造にたどり着いています。多少の幅はあるでしょうが、今後の日本企業も多くはこの「日本版ジョブ型」に帰着することでしょう。

「日本版ジョブ型」によって個人のキャリアはどのように変わっていくか

「日本版ジョブ型」は、一見、今までの日本企業の運用と大きく変わらないように映るかもしれません。しかし、静かに、確実に日本人ビジネスパーソンのキャリアに影響を及ぼします。筆者は、特に以下の3つのポイントが大きいと考えています。

1　職務の固定化がおこり、偶発的なキャリア開発機会が減少する
2　キャリアの階段が上に行くほど険しくなり、二極化が拡大する
3　職務要件に応じたアサイメントに進んでいく

まず、最初のポイントですが、「職務の固定化がおこり、偶発的なキャリア開発機会が減少する」ことは確実におこります。特に「ジョブ型」人材マネジメントの適用対象となる一定階層以上は、職務の固定化は進んでいくでしょう。今までの日本企業では、社員の異動・配置転換は一般的でした。管理職であっても、部や機能をまたいだ異動・配置転換は普通におこなわれていました。定年退職を含む要員充足のために、畑違いの未経験分野に対する人事異動も珍しくありませんでした。

しかし、「ジョブ型」では職務価値と人事処遇が結びつくため、気軽に未経験分野へ異動させるわけにはいきません。異動先の職務価値によって、昇降格や昇降給がおこるようになります。人事異動と処遇のアップダウンが結びついてしまい、頻繁な異動・配置転換やそれに伴う処遇が乱高下するようになれば、組織は疲弊します。結果として、一定階層

図表2-6 日本版ジョブ型での人事運用

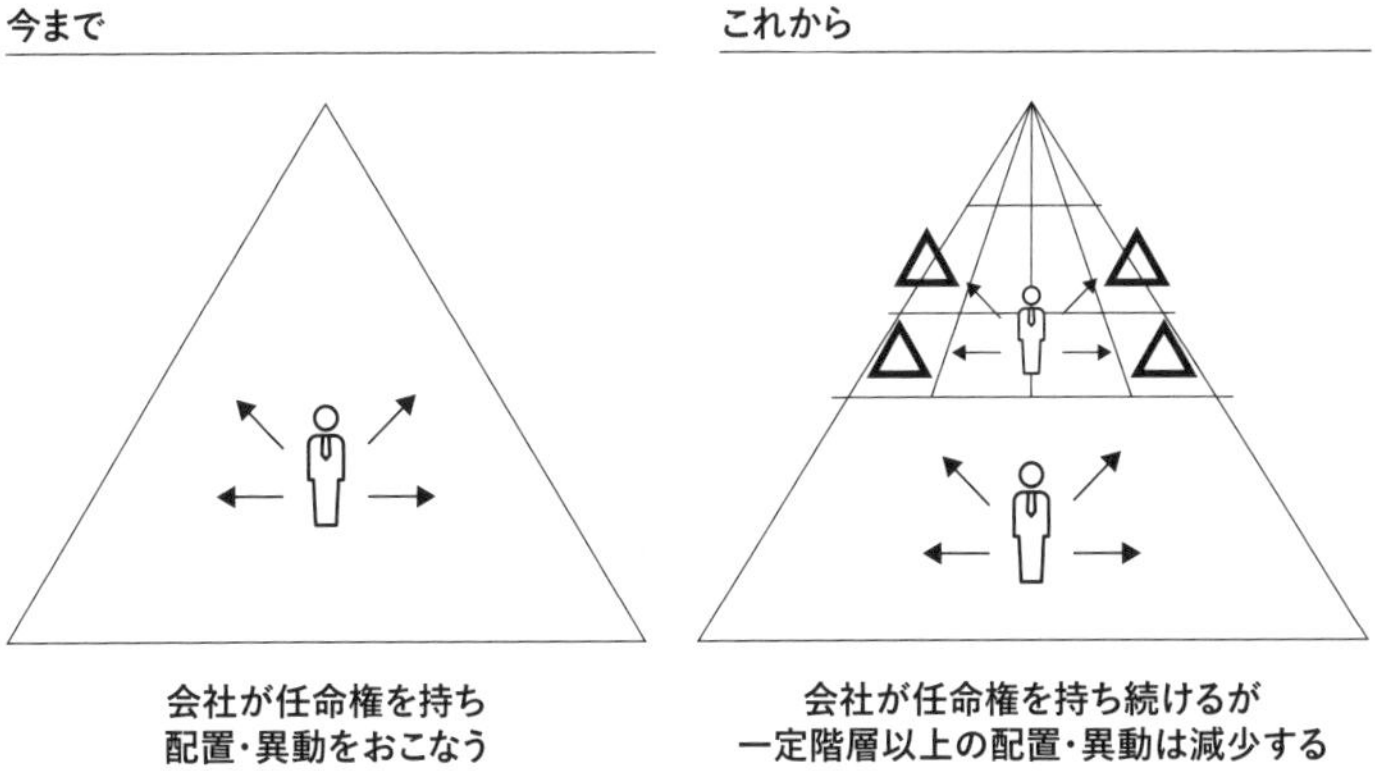
今まで
会社が任命権を持ち
配置・異動をおこなう
これから
会社が任命権を持ち続けるが
一定階層以上の配置・異動は減少する

以上については、戦略的な異動・配置転換に絞られていくことになるのです（図表2-6）。

また、個々の職務の高度化・複雑化が進んでおり、「異動コスト」が高まっています。未経験の部門に異動すると、その職務で必要な最低限の知識を身につけて、会社に貢献できるまでに一定の期間が生じます。その期間は、会社は貢献というリターンを得ることなく、コストだけかかります。現代の組織においては、どの職務でもビジネスモデルや商流の理解、ITシステムや専門知識などが必要であり、「異動コスト」が高くつきます。

仕事のスピードが高まっており、機能しない職務があると職場全体のパフォーマンスに大きく影響を及ぼします。特に役職者の立場で門外漢の社員が異動してきたら、職場の業務全体が停滞するのは、想像に難しくないでしょう。また、業務全体が見えていない人に判断を委ねるのはリスク以外の何ものでもありません。

今、企業に広がっているのは、「適所適材」という考え方です。これは、適材適所をもとにした造語です。日本企業は、今まで適材適所の考えでした。社員の特性を見極め、適性に合った配置をおこなおうとする考え方であり、「人」を中心に置いた人材配置です。社内で異動などを繰り返し、本人の特性にピッタリ合う職場を探すことを、今まではおこなってきたのです。一方で「適所適材」とは、「職務」が起点になります。「職務」に必要な人材とは何かを考え、それに合った人材を登用するという考え方です。

例えば、新規事業の立ち上げをするとしましょう。適材適所の考え方では、「A君にそろそろ企画的な仕事もやらせてみよう」と考えて人材配置をします。これに対して「適所適材」では、「この職務はX製品の技術を転用し、Y社との営業面の業務提携が必要になる。技術が一定分からなければならないし、タフな交渉もこなしていく必要がある。必須能力は〇〇で、△△といった経験が望ましい」と職務をこなせる人材を先に定義します。

その上で、候補者をピックアップして、最適な人材を配置するのです。

今までも職務適性は考慮されていましたが、同等かそれ以上に人のキャリア成長に重きが置かれていました。しかし、「異動コスト」が高くなった現代では、より慎重に選別がされるようになってきていると捉えるといいでしょう。これは、「ジョブ型」的な人材配置の考え方です。

このように、今後は自然とキャリアの固定化は進んでいきます。これは、社員の立場からすると、キャリア開発の機会が減ることを表しています。今までは、さまざまな職種や職場を経験する機会が与えられていました。そのなかでは、天職とも思える仕事や自分を導いてくれる上司・先輩社員との偶発的な出会いを得た社員も多くいたことでしょう。しかし、キャリアの固定化が進むと、このような偶発的な仕事や人との出会いは減ってきます。社員にとっては、「待っていても機会は降ってこない」時代が来てしまったのです。

次に「キャリアの階段が上に行くほど険しくなり、二極化が拡大する」というポイントです。今までは、定年まで実直に勤め上げれば、「課長（あるいは課長相当）までなれる」と誰もが期待を持てました。実際に、課長ポストがなくとも、「課長相当の能力」があるとして、課長相応の処遇がなされてきました。

しかし、これは日本独特の「人」に合わせたキャリアの階段があったからです。日本企業は、「人」に合わせて柔軟にキャリアの階段を刻んできました。例えば営業の場合、最初は指導役をつけられて、営業同行からスタートします。そのうち、このくらいであればできるだろうと担当顧客をつけられます。本人の成長に伴い、徐々に難しい顧客や応用的な課題を与えられます。キャリアの過程では、営業支援や販売促進などの仕事を経験することもありました。新人の教育係を任されることもあれば、他社との業務提携などの挑戦的な課題を任されることもありました。徐々にできる範囲を増やしていき、多くの人材は、「大抵のことは任せても大丈夫」になるのです。結果として、器用にこなす「プレイングマネジャー」が重用されるようになったのです。

ただ、これからは同じようなキャリアの階段にはなりません。一定階層以上はジョブ（職務）が明確に求められ、「できそうな人」だけがのぼれる階段になっていくのです。具体的には管理職である課長以上か、その一歩手前の係長・現場リーダー層から「ジョブ

図表2-7 日本版ジョブ型のキャリアの階段

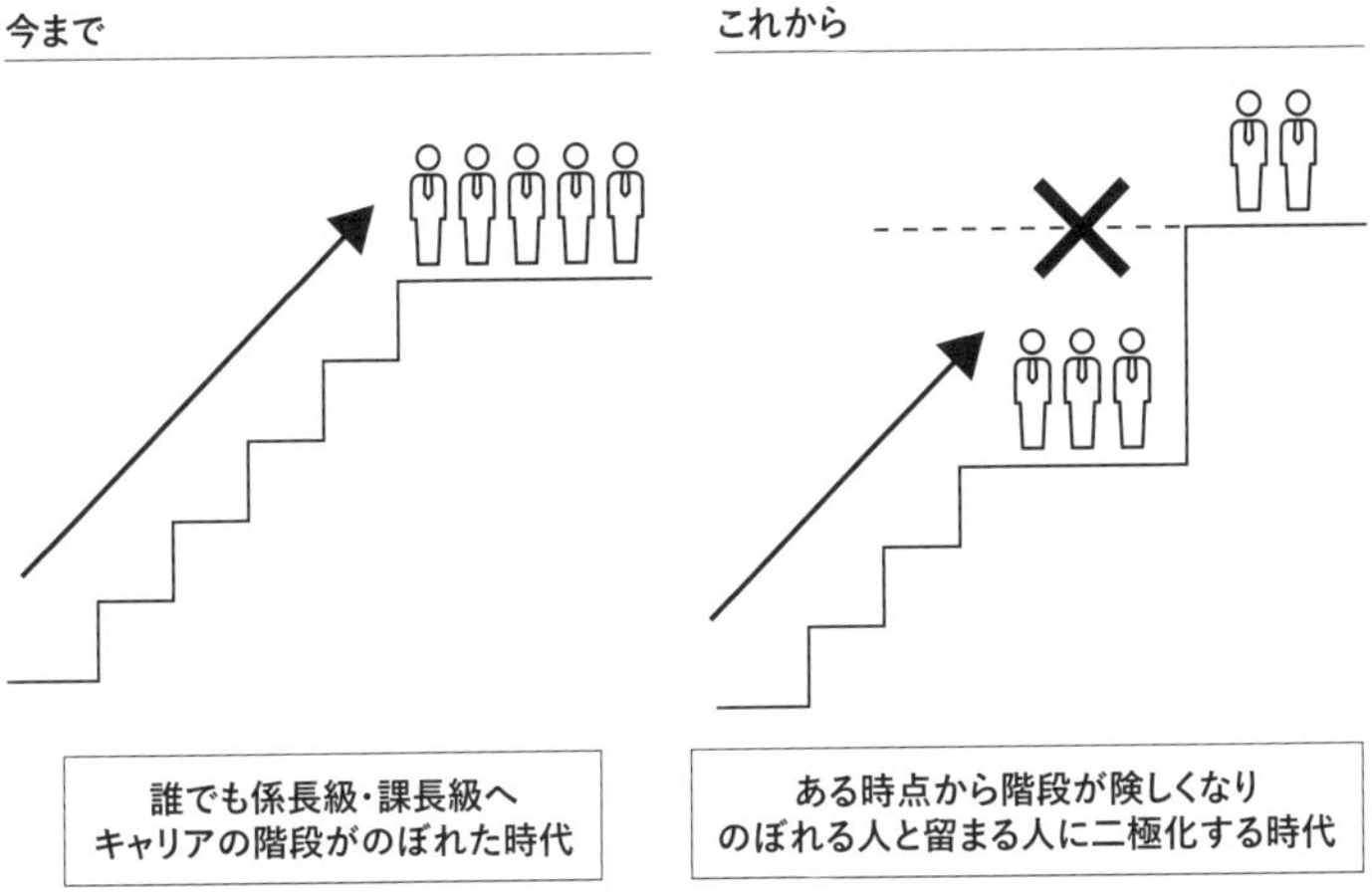
今まで
これから
誰でも係長級・課長級へ
キャリアの階段がのぼれた時代
ある時点から階段が険しくなり
のぼれる人と留まる人に二極化する時代

型」の階段に変化することでしょう。キャリアの階段は、「ここまで果たすべき」という「べき論」で設計されます。そのため、キャリアの階段は、一定以上はのぼれる人と、のぼれない人に二分化していきます。そして、のぼれない人にとっては、今までよりだいぶ手前で足踏みする時代になってきたのです。今まで通り、キャリア意識を持たないまま「会社任せのキャリア」を歩んでいると、踊り場で足踏みをすることになります。この「日本版ジョブ型」の構図を押さえておくことは、個人のキャリアデザインの観点からすると、きわめて重要なのです（図表2-7）。

最後の「職務要件に応じたアサイメントに進んでいく」ことについては、「日本版ジョブ型」は一見、一定階層以上に影響を与えるようにも見えますが、職場全体にも影響を及ぼします。

今までの日本企業では、「人」を見て仕事のアサイメントをおこなっていました。「この仕事はAさんならできそうだ」「Bさんは成長したからこれを任せてみよう」といった具合です。これは、マネジメントにとって、職場内のリソースである「人」を最大限活用する役割が期待されているからです。「日本版ジョブ型」においても、雇用は守られているため、この「人」の活用という観点は、マネジメントには期待されます。しかし、マネジメントの立場からすると、同様に仕事を成り立たせることが求められます。

多くの職場で、仕事の高度・複雑化は進んでおり、課題解決型の仕事のボリュームが増えつつあります。新製品の開発、新チャネルの開拓、システムの導入、RPA活用による自動化などが挙げられます。いわゆる、マニュアルのないプロジェクトワーク中心の仕事です。このような高度・複雑化した仕事は、誰でもこなせるわけではありません。ミスマッチした人選をおこなうと、プロジェクトそのものが停滞します。

ある企業では、会計システムの構築にあたり、社内の生き字引的な経理パーソンをアサイメントしました。その方は過去の手続きや処理には詳しいものの、新たな処理方法を定義するのは苦手だったため、プロジェクトそのものに批判的な姿勢を取り、会計システム導入のブレーキになってしまいました。このように仕事とアサイメントのミスマッチは、仕事の成否に大きく関わるのです。

もちろん、定常的な業務も残りますが、全体的には課題解決型の業務の優先度やウェイトが高くなってきます。課題解決型の業務は、ボトムアップだけではなく、トップダウンで落ちてくるからです。「DXを推進せよ」「新技術を開発せよ」「買収した企業と組織統合せよ」などとさまざまな難題が部門には降ってきます。これまでも、新たな課題は上から降ってきたでしょうが、変化の多い経営環境下ではその要請は増える一方です。

このような課題解決型の業務は、**職務の要件が先にあり、「できそうな人」を優先的に配置します**。前述の「キャリアの階段をのぼれる人」は、このような課題解決型の業務で経験を重ねた人です。キャリアの階段をのぼれるかどうかは、実はその手前から始まっているのです。「仕事（ジョブ）」基準のアサイメントは、「適所適材」に通ずる考え方です。これは、課題解決型の仕事のアサイメントの基準が「できそうか／できなさそうか」の判断にシフトすることにあります。「仕事（ジョブ）」基準のアサイメントは、経験と実績がモノを言います。同種の経験があり、きちんとやり遂げた人は優先的にアサインされ、「任される幅」が広がります。多くの経験・実績を持つ人は、「タグ」がつきます。「難しい交渉をまとめ上げた」「海外案件をこなせた」「他部門との協働案件がこなせた」といった類の「タグ」です。その「タグ」の量・質が仕事のアサイメントに大きく影響を及ぼすのです。

日本企業では、「職務を合意しないメンバーシップ雇用」に基づくので、雇用の安全性は確保されています。しかし、「できなさそう」と認識されると、課題解決的な仕事は回ってきません。定常的な業務を任されるのみになります。さらに加えていえば、何が何でも社内で業務を完結させなければならない、という時代ではなくなってきています。むしろ外部に適任者がいれば、外に業務を委託することも珍しいことではありません。社内で

図表2-8 職場のアサイメント

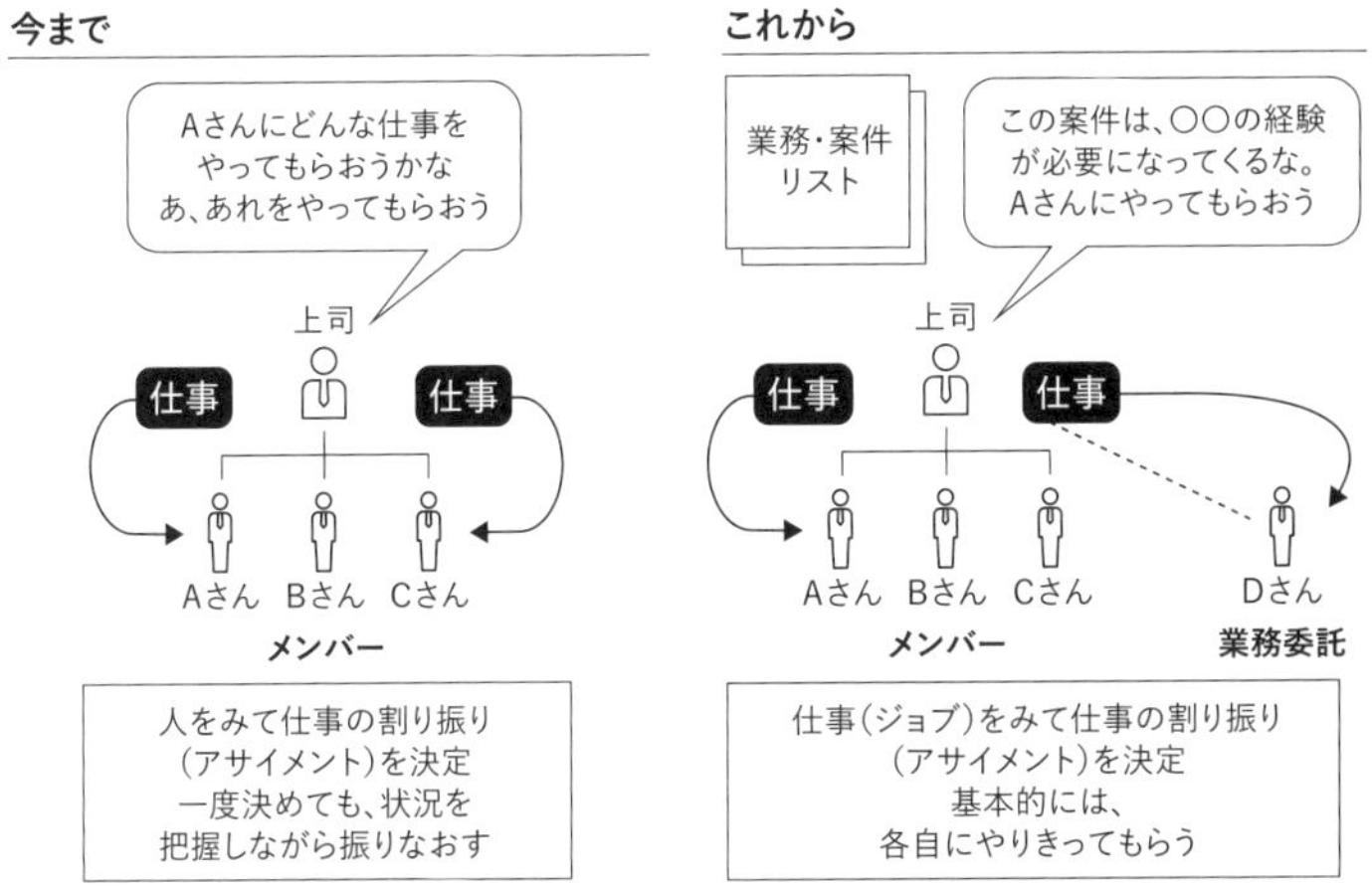
今まで
Aさんにどんな仕事を
やってもらおうかな
あ、あれをやってもらおう
上司
仕事
仕事
Aさん Bさん Cさん
メンバー
人をみて仕事の割り振り
(アサイメント)を決定
一度決めても、状況を
把握しながら振りなおす
これから
業務・案件
リスト
この案件は、○○の経験
が必要になってくるな。
Aさんにやってもらおう
上司
仕事
仕事
Aさん Bさん Cさん
メンバー
Dさん
業務委託
仕事(ジョブ)をみて仕事の割り振り
(アサイメント)を決定
基本的には、
各自にやりきってもらう

待ってさえいれば、やりがいのある仕事が回ってくる、ということはないのです（図表2-8）。

キャリアの前半期は、「日本版ジョブ型」では経験を積むゴールデンタイムです。今後も新卒一括採用は日本企業でおこなわれることでしょう。そのため、キャリアの前半期に限れば、いくつかの職場・職種を経験する育成スタイルが残ると想定されます。この時期は、能力・実績が満たなくとも、育成目的のアサイメントが期待できるため、新たな経験を積む絶好のチャンスなのです。その際に、さまざまな「タグ」を身につけておくことが大切です。キャリアの前半期で重要なことは「挑戦」です。会社はキャリアの前半期の若手に対してさまざまな能力獲得の機会を与えてくれます。目の前のひとつひとつの仕事にきちんと向き合い、機会に積極的に挑戦することで、「タグ」を増やしていくことが重要なのです。

これが、「ジョブ型」にシフトしていくなかで、変わりつつあるゲームのルールの本質です。そのなかで求められるのは、個人の「強い自立性」です。ある大企業の経営幹部は、次のように語っていました。

「仕事を定義して、できそうな人に任せるように変わりつつある。結果として、良い仕事を立て続けに得る人と、そうではない人の二極化が社内で進んでいる。会社としては、全員に成長の機会を与えたいが、希少な経験の機会は限られている。自立的に機会を求め、機会を掴む者のみがキャリアを輝かせる時代になっている」

「ジョブ型」時代は、「キャリアの前半期を制するものが、キャリアを制する」と言っても過言ではありません。ジョブ型では、実績・経験が大きくものを言います。「できそうな人」が良い機会を掴んでいくのです。しかし、メンバーシップ型雇用が残る「日本版ジョブ型」では、前半期には育成的なアサイメントもおこなわれます。この時期をいかに自立的にキャリア構築できるかが勝負の分かれ目なのです。本書は「38歳までに身につけたい働き方のかたち」というサブタイトルをつけましたが、その理由はここにあります。前半期が終わる前に、自らのキャリアの方向性を見定め、長いキャリアを走りぬく地力をつけなければならないのです。

日本企業が「ジョブ型」へシフトするなかで、確実にゲームのルールは変わります。キャリアの前半期から「会社に依存したキャリア」ではなく、「自立的なキャリア」を自覚して、踏み出していくことこそが重要になりつつあるのです。

第2章 まとめ

人材マネジメントの面で「ジョブ型」にシフトする日本企業

■メンバーシップ型雇用とは「職務の合意なき雇用」であり、ジョブ型雇用とは「職務を合意した雇用」を指す。

■新卒一括採用、定年制など、日本企業にとってメンバーシップ制には一定の合理性を持つ。したがって雪崩を打ってジョブ型雇用に全面移行するとは考えにくい。

■ただ、多くの企業では人材マネジメントがジョブ型にシフトしていく。「貢献と処遇」のギャップが有望な若手・中堅社員の流出や、職場の高齢化などの問題を生んでいるため。

テレワークとの相性がいい「ジョブ型」

■「仕事の進め方」の変化もジョブ型へのシフトを後押しする。「人」中心の仕事の割り振りには、すでにさまざまな無理が生じている。

■コロナ禍でテレワークが増えてみると、テレワークと「人」基軸のマネジメントとの相性の悪さが露呈した。裏を返すと、職務（ジョブ）を明確化するジョブ型とテレワークの相性は良いことが明らかになった。

「日本版ジョブ型」によって個人のキャリアはどのように変わっていくか

■次の3つのポイントが大きい。

1 職務の固定化がおこり、偶発的なキャリア開発機会が減少する

2 キャリアの階段が上に行くほど険しくなり、二極化が拡大する

3 職務要件に応じたアサインメントに進んでいく

■一定階層以上はジョブ（職務）が明確に求められ、「できそうな人」だけがのぼれる階段になっていく。

COLUMN

中高年に迫る「役職定年」と後半期のキャリア

キャリア全体を考えると、キャリアの後半期のことも押さえておかねばなりません。キャリア後半期で、最も大きなポイントは、「役職定年」と「退職時期の後ろ倒し」です。

まず、「日本版ジョブ型」において、「役職定年」は残ると考えていいでしょう。「ジョブ型」はそもそも、年齢や性別に関係なく職務（ジョブ）に応じて処遇する仕組みのため、「役職定年」はその考えに矛盾しているように見えますが、「日本版ジョブ型」では、その矛盾をのみ込まなければいけない事情があるのです。

「日本版ジョブ型」では、新卒一括採用によって毎年、一定数が必ず入社します。一方で、一定階層以上は「ジョブ型」を適用しているので、上位役職が空かないと昇進・昇格の機会は与えられません。日本企業では、高い雇用の安全性が求められているため、基本的には定年年齢まで雇用が守られています。職務価値に応じて収入が変動するので、上司の立場としては、部下の役職を外しにくくなります。しかし、そのままにしておくと、上位役職は年配者に寡占され、若手・中堅層が滞留してしまいます。これでは、若手・中堅層の意欲は低下しますし、高齢の管理職が職場を仕切ることがいいかというと疑問が残ります。

本来的には、すでに役職者がいたとしても、業績が優れなかったり、他に適任者がいれば入れ替えたりするのが、望ましいと言えます。しかし、現実的にはそういうわけにはいきません。結婚より離婚のほうが遥かに大変と言いますが、役職任免も同じです。新たに任用するより、離任を命じるほうが、大変な労苦を伴います。しかも離任した人の雇用は続くため、周囲に悪影響を及ぼしかねません。

日本企業の苦肉の策が一定年齢に達したら全員役職を降りるという「役職定年」なのです。「ジョブ型」の思想と相反する要素があるものの、企業の新陳代

図表2-9 **役職定年の構図**

役職定年を設けることで
一定ポストに空きが生じる
(設けなければ、定年まで
ポストは空かない)
ポストに空きが
出ることにより
滞留を解消
(新陳代謝が進む)

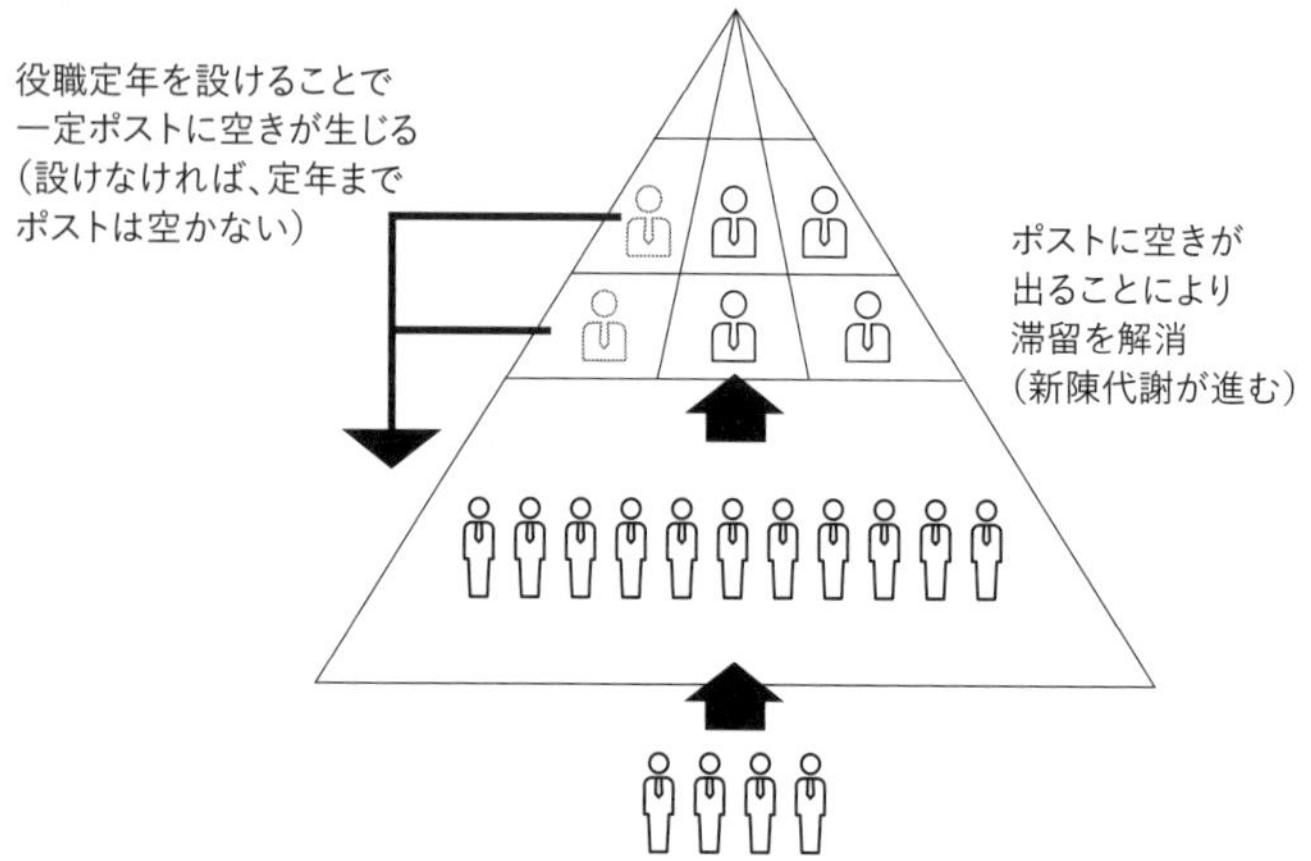
毎年一定数が入社

謝のほうが重要とする意思決定の結果に他なりません。「ジョブ型」を導入しても、新陳代謝のために「役職定年」を残す企業は多いのです(図表2-9)。

この「役職定年」は、個人のキャリアの観点では非常に大きな意味を持ちます。「役職定年」は多くの企業で55歳に定められています。部門を率いていく人材の体力・気力の充実を考えると、40代~50代に任せるほうが良く、この年齢は動かないでしょう。一方で、「退職時期の後ろ倒し」は起きています。本書でも何度か触れてきていますが、就労期間は長期化し、70歳まで働く時代が来ています。

かつては、60歳定年でもあったため、役職定年のあとは5年間の限られた期間でした。多少、居心地の悪いところがあっても、5年間我慢すれば良かったのです。ところが、いまやその期間は15年間になっています。もはや、我慢するには長すぎる期間になりつつあるのです。

せっかく、キャリアの階段をのぼっても55歳になったら、キャリアの階段からおろされてしまいます。もちろん、経営陣までキャリアの階段をのぼり続ける人もいますが、それはごく一部です。多くは、一定年齢に到達したら、キャリアの階段からおりなければならないのです。

しかしながら、階段からおりることが分かっているので、無理してのぼる必要はない、というのは、短絡的な結論です。キャリアの階段をのぼらないということは、相対的に貢献価値の低い職務に長期にわたり従事することを意味しています。会社がそれだけ長い間存続する保証がない以上、いざというときに転換が図りにくいリスクの高いキャリアと言えるでしょう。

キャリアの後半期の戦い方は「レバレッジ」です。梃子のように、今までの知識・経験を総動員し、小さな力で大きな成果をつかみ取ることが大切です。特に、役職定年後のキャリアを輝かせるのは「自分らしい仕事」です。この時点になると、もはや価値観は出世や金銭報酬ではない人が大半です。「自分が必要とされていること」「社会や人の役に立っていること」が最も重要になるのです。それまでのキャリアを「会社任せ」で生きていた人は、キャリアの後半期になって「自分らしい仕事」を見出すことは困難です。結局、与えられた仕事をしぶしぶおこなうことになります。仕事に充実感を持てず、不平不満を持ちながら、キャリアの後半期を過ごすことは、会社・本人の双方にとって不幸なことです。キャリアの後半期は、キャリアの集大成です。それまでに自分が培ったスキルや人脈などを総動員して、キャリアの後半期を輝かせることが重要なのです。

筆者がヒアリングしたある方は、営業の現場でたたき上げ、キャリアの中盤期は営業課長として活躍されていました。役職定年後は、営業の担当役員に直談判し、全国の営業パーソンのキャリアコーチとしての役割に転じました。本人は、役職定年後のキャリア人生は培った営業スキルを後進に引き継いでいく仕事をしたいと考えていたのです。もともと、部下育成には定評があり、会社としても営業パーソンの力量の底上げにつながるため、会社と本人の利害が一致しました。本人は、その役割に満足して、活き活きと働くようになったのです。

また、ある方は、技術部門で長年にわたり設計・開発業務に携わっていましたが、役職定年で課長を降りるタイミングで営業部門への転属を希望し、技術営業として異動しました。本人によると、3つ理由があったそうです。1つ目は、後任の課長がやりにくいだろうということ、2つ目は、長年、営業の技術に対する理解不足について歯がゆく思っていたこと、3つ目は、顧客に近いところで仕事をしたかったということでした。転属後は、商談中に図面で確認したり、技術的な側面での助言をしたり、従来の経験を存分に活かした仕事ぶりとなりました。

営業メンバーからは頼りにされるとともに、技術・営業の両部門の調整役としても重宝されているとのことです。周囲から「必要とされている」と実感することは、自己肯定につながります。貢献感につながる仕事が人生にハリを持たせるのです。

キャリアの後半期に「自分らしい仕事」を手に入れるためには、それまでに会社や上司と交渉に足る能力・経験を備えておかねばなりません。会社にとっても有益であり、本人にとっても満足いく「落としどころ」をきちんと提案できることが重要なのです。

キャリアの後半期は必ずしも社内に留まっている必要はありません。筆者の知人のなかには、長年の採用担当としての知識・経験を活かして独立し、キャリアコーチとして活躍しているシニアの方もいます。成長企業に招聘されて、管理職として活躍を続けるシニアの方もいます。健康機器メーカーのタニタでは、社員の雇用契約を正社員から個人事業主に転換できる制度を導入・運用しています。

タニタでは、通常55歳になると、定年後の勤務意思有無を確認のうえ、勤務意思がある場合は子会社で本社社員の事務サポートなどを担当することになっています。実際に運用をはじめてみると、55歳前のシニア社員が個人事業主に応募するケースが増えているそうです。個人事業主や起業は、勇気のいる選択肢かもしれませんが、組織のしがらみから抜け出て、「自分らしい仕事」をするには、良い選択肢の1つと言えます。

キャリアの後半期に「自分らしい仕事」を得るためには、能力・経験以外にもう1つ重要な要素があります。それは、「経済的な自立」です。キャリアとライフは不可分ですが、特に後半期のキャリアは「お金」との折り合いを上手くつけなければなりません。「役職定年」によって多くの人は、キャリアの階段をおりることを余儀なくされます。「自分らしい仕事」を手に入れるためには、会社・上司との交渉や転職・起業など、勇気のいる行動・決断が必要になります。その際に、住宅ローンや教育費などで経済的に身動きが取れなくなっていると、リスクを取りにくくなります。若いうちから、ある程度、収入や支出については長期的な計画を立て、人生の後半期にある程度のリスクを許容できるくらいの状態に持ち込んでおくことが重要なのです。

第3章

これからのキャリアの捉え方

会社任せのキャリア選択から、自立的なキャリア創造へと意識を変えるためには、実行すべきことがあります。

本章では「偶発的な出会い」を増やすための考え方と行動、自分が大事にする価値＝キャリアアンカーの探し方、そして職務適性の見きわめ方について解説していきます。

自分の内面を知り、行動を変える。そして、自らの能力の「広さ」と「深さ」を両方向に伸ばすことが、ジョブ型時代のキャリアデザインの方向性になります。

キャリアを左右する「偶発的な出会い」を増やす

ここまでは、個人のキャリアを取り巻く環境の変化を中心に解説してきました。ジョブ型時代において、「会社任せのキャリア」ではなく、「自立的なキャリア」が重要なことは十分にご理解いただいたことでしょう。ここからは、いよいよ、個々人がどのようにキャリアを捉えていくべきかについて、解説を進めていきます。いくつかのワークも用意しましたので、自己診断をしながら読み進めていただければと思います。

まず、キャリアに関する基本的なスタンスから話を始めましょう。キャリアは過去・現在・未来を含めて、歩もうとする道筋を指します。しかし、そもそも、キャリアは個人の力でコントロールできるものなのでしょうか。1999年にスタンフォード大学のJ・D・クランボルツ教授が発表した「計画的偶発性理論（Planned Happenstance Theory）」という論文に興味深い研究結果が出ています。その論文は、人のキャリアの約8割は偶然のできごとによって左右されていることを証明したものです。これだけだと、「キャリアは運任せ」ということになってしまいます。しかし、クランボルツ教授は同時に、**「より良い偶然がたくさん起きている人と、そうでない人がいて、その違いは普段の行いにある」**とも説いています。これこそが、まず最初に押さえておきたい重要なポイントです。

未来をコントロールすることは、誰にもできません。いくら、素晴らしいキャリアをデザインしたところで、その通りになる保証はどこにもありません。しかし、普段の行動を見直し、望ましい未来につながる行動を意識して増やしていくことで、自分らしいキャリアを歩む確率を上げることはできます。「未来そのもの」をコントロールすることはできませんが、「未来につながる行動」を意識的に実践することで、「自分が歩みたい未来」を引き寄せてくるのです。

そのためには、次の2つのポイントが重要になります。

1 アクティブであること

2 自己ブランディングをおこなうこと

まず、アクティブであること。これは、**「行動量を増やす」**ということです。

「人は移動距離に比例して成長する」といいます。コロナ禍の現在は、物理的な行動が制限されていますが、物理的な移動距離に限る必要はありません。ネット空間も含めて、行動範囲と行動量を増やしていくといいでしょう。

偶然の機会がいつ巡ってくるかは、誰にも分かりません。多くの偶然は、人からもたらされるものです。人と交わることで、新たなアイデアを得たり、自分の価値観を揺さぶられたり、思わぬ仕事に巡り合ったりします。

このことは第2章で挙げた「偶発的なキャリア開発機会が減少する」ということと一見、矛盾するようですが、そうではありません。会社内での状況・環境はそうなる可能性があるからこそ、意識して機会をつくる必要がある、ということです。

とはいえ、何も朝活や自己啓発セミナーに出てネットワーキングに励むことだけが、人との交わりではありません。読書も、著者の考えや意見を深く知る機会になります。講演会や動画なども、登壇者から大きな刺激をもらうことができます。もちろん、実際に人と会うことも、偶然の機会を得られる可能性を広げます。他の職場に顔を出して雑談をしたり、同業種の職種の集まりに顔を出したりすることで得られる偶然もあります。

そして、偶然の機会は、必ずしもビジネスシーンにのみ転がっているわけではありません。趣味のつながりから思わぬヒントを得たり、チャンスが巡ってきたりすることはあるものです。公私ともに、アクティブに行動していく人には、すべからく機会が回ってくるものなのです。

ある企業の人事担当者は「エンジニアの世界では英語ができないと厳しい」と語っていました。筆者は「エンジニア」と「英語」との結びつきがすぐには理解できなかったので、詳しく聞いてみると次のようなことでした。技術の日進月歩は激しく、オープン化していいます。グローバルでは、ネットを介して、盛んにエンジニア同士が英語で意見交換をしているそうです。そこから、新たな提携や技術が次々と生まれているのです。そのネットワークの場に入れないと、技術の進化から取り残されていくおそれがあるからこそ、エンジニアには英語が重要ということだったのです。このように職場の外に目を向け、ネットワークの場を求めることが重要なことは言うまでもないでしょう。

会社のなかでアクティブに動いていくことも、偶然の機会を増やすには、きわめて有効です。簡単に言うと、関心のあることに、どんどん首を突っ込んでみることです。そして、当事者の一員として、問題解決をおこなっていくことで、機会が巡ってくる確率は上がっていきます。ある製造機器メーカーのマネジャーは、たまたま耳にした製造拠点立ち上げの案件に興味を持ち、参加を志願しました。最初は、お手伝い程度の扱いで参加していましたが、そのうち、その立ち上げ業務自体が猫の手も借りたいくらいの状況に陥り、職場からも正式に参加の承認が下りたそうです。そこで、本人は好機とばかりに、張り切って取り組んだのです。そして、さまざまな立ち上げのプロセスを間近で見ることができ、大きな「学び」につながったそうです。その後、何度か拠点立ち上げを経験し、社内でも希少な人材として重用されたとのことです。

元プロ野球選手のイチロー氏は、あるインタビューのなかで、「しけた顔している人にチャンスは巡ってこない」と語っていましたが、まさにその通りです。「アクティブでいること」は、前向きに何かに取り組むことでもあります。さまざまなネットワークによって刺激をもらい、エネルギッシュに行動している人の顔は、輝いているものです。偶然の

図表3-1 自己のブランディングの重要性

仕事のアサイメントの構図

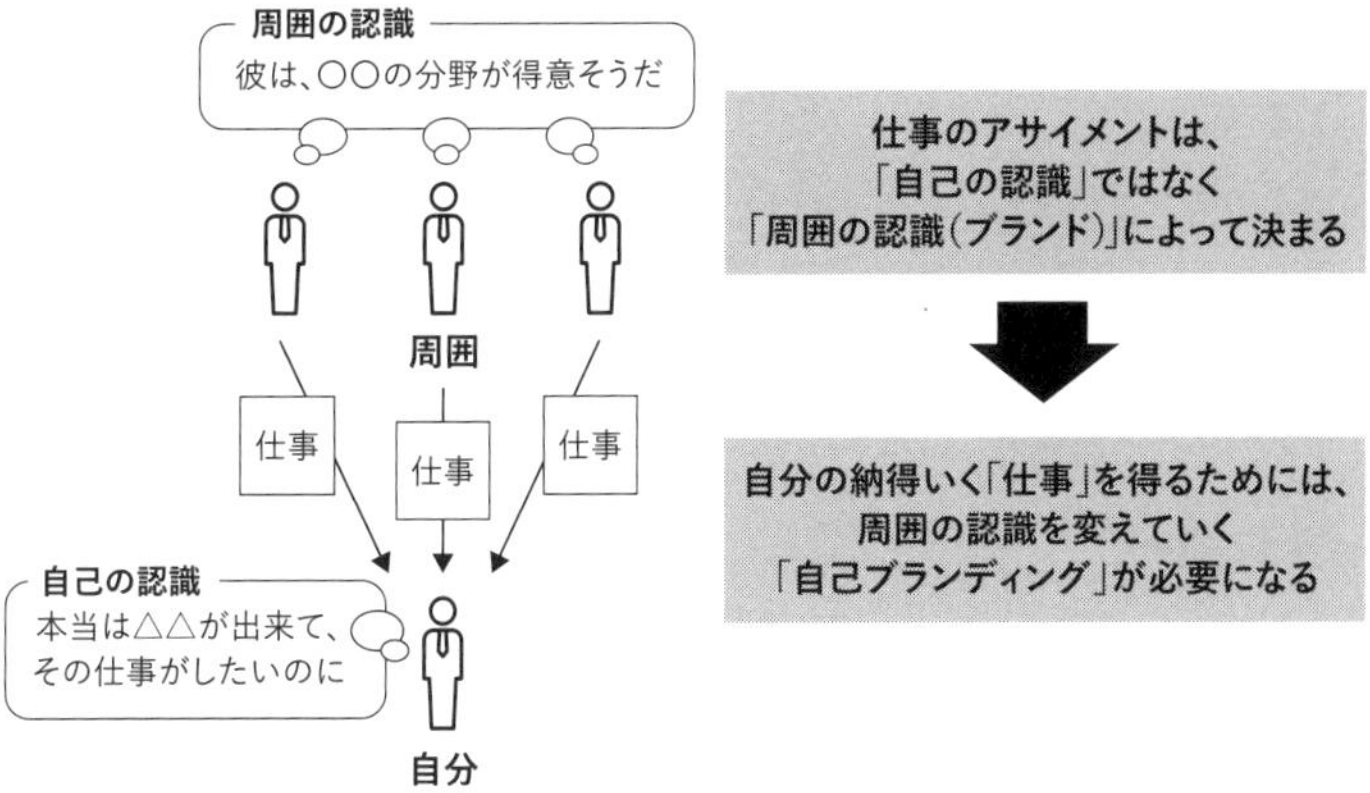
周囲の認識
彼は、○○の分野が得意そうだ
周囲
仕事
仕事
仕事
自己の認識
本当は△△が出来て、
その仕事がしたいのに
自分
仕事のアサイメントは、
「自己の認識」ではなく
「周囲の認識（ブランド）」によって決まる
自分の納得いく「仕事」を得るためには、
周囲の認識を変えていく
「自己ブランディング」が必要になる

機会は、他者から巡ってくるものです。それは「ジョブ型」時代も変わるものではありません。このスタンス1つで、キャリア全体が大きく変わってくる可能性があるため、意識しておくといいでしょう。

もう1つ、偶然の機会を増やすために重要なのは、「自己ブランディング」です。他者は機会を差し出す前に、「あの人はこういうスキルがあるな」「あの人はこういうのが好きそうだな」と、思いを巡らします。その時に、他者のアンテナに引っかからないと、機会は巡ってきません（図表3-1）。「自分は何ができるか」という自己認識ではなく、「周囲が自分をどう見ているか」という他者認識によって決まる、ということです。黙っていて、周囲に希望が伝わり、機会が巡ってくるというのは、あまりに都合のいいモノの捉え方です。自分が「やりたいこと」を実現するためには、周囲にも同様に認識してもらわないと機会はやってこないのです。

日本では「能ある鷹は爪をかくす」といったように、あまり自分の能力をひけらかさないことが美徳ともされています。しかし、ジョブ型時代には一歩踏み出して、**「能ある鷹は爪をアピールする」**ことが重要です。

対処法は簡単です。自分の能力開発の努力や結果を、普段から周囲に発信するようにしましょう。例えば、自費を投じてコーチングの技術を身につけたとします。上司や周囲に、コーチングの技術を身につけたことを伝え、職場でできる提案などをしてみましょう。黙っていては、周囲は「コーチ」としては認識してくれません。自分はそのようなスキルを持っていて、実践してみたいと「宣言」することが大事なのです。

自分の得意分野を「宣言」し、きちんと結果を出し、さらに努力を重ねていくことで、

「あの人は必ずこういう価値を提供してくれる」という信頼感に変わってきます。これこそ、個人の持つ「ブランド」なのです。個人の「ブランド」が認知されてくると、その「ブランド」に関わるさまざまな機会が向こうからやってきます。そして、経験値を積み、ブランドを強化することができるのです。

個人の「ブランド」がないと、機会が来るかどうかは、まさに「運任せ」になります。しかし、普段から自分の望む方向へ「ブランディング」をしていると、自分の望む「偶然の機会」を手にする確率が上がります。運任せではなく、**偶然を必然化する**、と言ってもいいでしょう。この僅かな「差」が、キャリア全体に大きな違いを生むことになります。

「自己ブランディング」は、周囲にどのように思われているかを把握することが必要です。上司や周囲に「何が得意と思われているか」「どのようなキャリア希望を持っていると思われているか」を考えてみるといいでしょう。自分では分からない場合は、率直に聞いてみることをお勧めします。そして、他者認識が自分の希望に合致しているかが重要なポイントです。自己ブランディングとは、突き詰めると「周囲からどう見られたいか」です。

自分の希望と異なる認識を周囲がしていたら、希望と異なる機会ばかりが増えていきます。これでは、「自分らしいキャリア」を描くのは難しくなります。

実際にキャリアに関するインタビューでは次のような事例がありました。その人は、海外への留学経験があり、大手企業で国内営業としての経験を積んだ後に、自分の語学力を試せる機会を求めて転職をしました。転職先は中堅企業でしたが、海外展開に遅れており、海外対応ができる人材を求めていたのです。しかし、入社後に希望と大きなギャップがあることが、すぐに分かりました。上司や周囲は、英語関連業務を次から次へと振ってきました。例えば、製品の新たな説明書の翻訳や英語で書かれた契約書のチェックなどです。自分としては、営業経験と語学力を組み合わせた「海外営業」を期待していましたが、周囲の認識は本人の言葉を借りると「翻訳機」だったのです。本人は、これはまずいと思い、一計を案じました。まず、上司と同席を求められた外国人との商談に、全精力を注いで対応したのです。今までの経緯の理解、提案内容のブラッシュアップ、商談の着地点の確認、交渉後の丁寧なフォローアップなどです。その上で、上司に対して、「翻訳機」ではなく、「海外営業」としての希望を伝えたのです。また、実際に山積する英語業務は、彼自身が担当しなくとも、英語のできる派遣社員を受け入れたり、外注をしたりすることで対応可能であることも伝えました。そこでは、彼自身も部署の英語対応力向上に協力することを約束しました。上司は少し考え込んだものの、ほぼ要望が通ったそうです。その後、彼は希望通りの仕事を得て、「翻訳機」という不本意な「ブランド」を上書きしたそうです。

他者認識が、自分の希望する「ブランド」ではないことは、往々にしてあります。しかし、「自分はこんなことをやるために入社したわけじゃない」と感情的に反発をしたところで、「ブランド」の再構築はできません。時間はかかるかもしれませんが、「自分ができること」「自分がやりたいこと」「自分の成し遂げたこと」などを、地道に発信していくことです。自主的な勉強会を開いたり、上司との面談や会議のなかできちんと発信したりしましょう。「宣言」を続けることが、ブランド化につながっていくのです。

「自己ブランディング」にあたって、注意点があります。人がパートナーを選ぶ基準に「好き嫌い」は相当なウェイトを占めます。相手に受け入れられることを意識しながら、「自己ブランディング」をすることが重要です。例えば、他者を批判することで、自己の価値を高めるようなことは避けるべきです。「あいつのやっている仕事は本物の〇〇じゃない」「自分の方がよっぽど知っている」といった批判は、自身の「ブランド」にまったくプラスの影響を及ぼしません。むしろ、自分から人を遠ざけ、偶然の機会を手に入れる確率は下がります。

また、望まぬ機会であっても、感情的に拒絶することはお勧めしません。「やりたくない」「ふざけんな」といった負の感情は、相手に強い印象を残します。人間の脳は、良いことよりも、ネガティブなことをより記憶します。機会を与える側も、組織の事情などを抱えていることも多々あります。無条件な拒絶は、「面倒くさいヤツ」「扱いづらいヤツ」という厄介な「ブランド」となり、それを払拭するのは、かなりの努力が必要になります。相手の事情を踏まえて、ある程度は受け容れつつ、自分の希望や要望を上手く伝えるといった塩梅が重要なのです。感情に任せ過ぎず、クレバーに上手く対処し、自分の納得する「ブランド」を手に入れることで、偶然を味方にすることができるのです。

自分の核となるキャリアアンカーを知る

キャリアは、ひとつひとつの意思決定の積み重ねでき上がります。「自分らしいキャリア」を歩むためには、自分が何を大事にし、何を大事にしないかを知らなければなりません。いわゆる自分だけのキャリア観です。キャリア観を確かめるためには、キャリア論の大家であるMITのエドガー・H・シャイン氏が提唱した「キャリアアンカー」という考え方が有効です。アンカーとは「錨《いかり》」の意味ですが、キャリアアンカーは自分自身が大事に思っている価値観であり、個々のキャリアの拠り所のことを指しています。

では、ここでワークをやってみましょう。あなたのキャリアアンカーを知るためのワークです。次の3つの問いについて、次ページのワークシートを参考に自分なりの回答を書き出してみてください。主に仕事面でのことを思い浮かべて回答するといいでしょう（図表3-2）。

1　自分の得意なもの（不得意なもの）は何か？
2　自分の本当にしたいこと（したくないこと）は何か？
3　どのようなことに価値を見出せるか（見出せないか）？

図表3-2 キャリアアンカーを知るための問い

キャリア上の問い	記入例 (ある営業パーソンの記入例)
自分の得意なもの(不得意なもの)は何か?	**自分の得意なもの(不得意なもの)は何か?** 自分は社交的で、ヒトと話すことが好き。特段、共通の話題がないような相手でも、即興でお題を考えて盛り上がることができる。結構、ヒトをよく観察していて、相手の不機嫌などは察知して気を回すことができる。いつも、世話役のようなことをやっている。
自分の本当にしたいこと(したくないこと)は何か?	**自分の本当にしたいこと(したくないこと)は何か?** 本当にしたいことは、現時点ではあまり明確に思いつかない。ただ、したくないことは明らかで、相手に不誠実なことはしたくない。どのような些細なことでも、自分だけが利益を得るような選択はしたくない。
どのようなことに価値を見出せるか(見出せないか)?	**どのようなことに価値を見出せるか(見出せないか)?** 相手に感謝されるような仕事こそが、価値があると思う。自分の父親は商売をおこなっていたが、常に「相手から感謝されること」を意識していたように思う。自分自身もその背中をみて、カッコ良いと感じたことを今でも覚えている。逆に、周囲からの感謝の無い仕事には自分は意味を見出せない気がする。

これらの3つの問いは、「能力」「欲求」「価値」についての自己イメージを表したものです。

「能力」は比較的、簡単に答えられることでしょう。社交性やコミュニケーション力といったヒューマンスキルを挙げてもかまいませんし、語学力や資格、プログラミング技術などのテクニカルスキルでもかまいません。自分が認識している自分の才能を挙げてみてください。

「欲求」は少し難しいかもしれません。

自分が何をすれば、心躍るかを考えてみてください。今までのキャリアを振り返ってみて、ワクワクするような高揚感があったできごとなどを思い浮かべてもいいでしょう。あまり思い浮かばなければ、プライベートのことでもかまいません。例えば、地域の祭りで周囲と協力しながら神輿を担いだことが自分を高揚させることであれば、そのことを書いてみてください。

「価値」は、自分が長期的な視点から、何に意味を見出すか、ということです。例えば、ディズニーランドのキャストであれば、ゲストの「笑顔」に意味を見出すかもしれません。医療従事者であれば、「人命」に意味を見出すかもしれません。「欲求」と「価値」が類似している人もいれば、そうではない人もいるでしょう。自分なりに、自分の認識を明らかにすることが、まず大切です。

これら「能力」「欲求」「価値」は、キャリアの判断に大きな影響を及ぼします。人は、ひとつひとつの判断をするときに、「できそうか？（能力）」「面白そうか？（欲求）」「意味がありそうか？（価値）」を同時に考えながら判断をしていきます。その際、これらをすべて満たすような選択は稀です。「不得意だけど、価値があるからやる」「得意だが、心躍らないのでやらない」といった矛盾のあるなかで選択を重ねていきます。そして、その選択の繰り返しを通じて、本当に大切なものに気づくことができるのです。

これは、必ずしも正解があるものではありません。100人いれば、100パターンの考え方が存在します。例えば、「能力」にすべてを賭ける人もいます。「楽しい」「価値がある」ということに意識を振り向けず、ひたすらに得意を突き詰めていく生き方です。「能力」に振り切って継続していくことで、「良いものができると嬉しい（欲求）」「相手の役に立てる（価値）」が付随して出てくることもあります。

大事なことは何かというと、自分がどのような「能力」「欲求」「価値」を持っていて、どのような優先順位を持つことが、自分に相応しいかを自己認識することです。キャリアには、不測の事態が往々にして起こります。不測の事態のときに、自己認識しているキャリアの優先順位や価値観が、キャリアにおける錨（アンカー）の役割を果たします。キャリアアンカーを持つことで、航路から外れたときも、本来の「自分らしいキャリア」に戻るように軌道修正をおこなうことができるのです。

キャリアアンカーには、それを自然と自己形成できる人と、そうでない人がいることは、知っておいていいでしょう。両者の違いは、「意識」の差です。キャリアアンカーを自己形成できる人は、自分の「能力」「欲求」「価値」を認識し、個々の選択のたびに、ひとつひとつを意識して行動をおこなっています。一方で、自己形成できない人は、会社や上司の言う通りに、漫然とキャリアを選択している人です。「頼まれたからやる」という行動には、自分の「意思」は入っていません。この繰り返しをしていると、自分の進みたいキャリアの航路は見えてこず、漂流したキャリアになってしまいます。

キャリアアンカーを自己形成するために、自分の「能力」「欲求」「価値」を認識し、そのときどきの行動を決めていく癖をつけていくことをお勧めします。「図表3-2」のワークシートで書き出した、自分の「能力」「欲求」「価値」に対する現状のギャップを認識し、ギャップを埋めるために、できることはないかと考えてみることです。

具体的には、次ページの「図表3-3」を使って、自分のキャリアアンカーに沿った判断と行動を考えてみましょう。まず、自分の「能力」「欲求」「価値」を書き出して、現在の状況は、それらを充足しているかを判定してみてください。この判定は、まったくの主

図表3-3 キャリアアンカーと現状のギャップ

キャリア上の問い	現在の状況	キャリアアンカーとのギャップと対応
自分の得意なもの（不得意なもの）は何か？	不得意 ― 得意	
自分の本当にしたいこと（したくないこと）は何か？	したくないこと ― したいこと	
どのようなことに価値を見出せるか（見出せないか）？	価値が無い ― 価値がある	

観で構いません。例えば、得意分野が活かされているでしょうか。また自分のやりたいことができているでしょうか。はたまた、自分が今の状況に価値を見出せているでしょうか。そして、「しっくりきていない」ことがあれば、どうすればその状況が好転するかを考えてみてください。自分の「能力」、「欲求」、「価値」を繰り返し内省し、どう行動すべきかを考えることによって、キャリアアンカーの自己形成は進んでいきます。この内省の繰り返しを続けることで、自分の大切にすべきものが明らかになり、悔いのないキャリアの選択ができるのです。

自分の「能力」「欲求」「価値」やその優先順位は、さまざまな経験を重ねるなかで、変容していきます。さまざまな職務を経験したり、自己開発をおこなったりすることで、能力は変わっていくのです。さまざまな人との出会いや成功・失敗体験を通じて、やりたいことや価値を感じることも変わってきます。自分のキャリア観は変わるということを認識したうえで、節目ごとに振り返り、内省をおこなうことをお勧めします。

少し気恥ずかしいですが、実例として筆者自身のことも紹介します。私は組織・人事コンサルタントとして、20年くらいのキャリアがありますが、この仕事を続けている理由の1つに、事業会社時代の原体験があります。私は2000年代前半にシチズン時計という事業会社で人事部員として働いていましたが、当時は平成不況の真っただ中ということもあり、希望退職制度や成果主義の導入、雇用体系の変更など、さまざまな取り組みをおこなっていました。私も若輩者ながら、さまざまな人事施策の企画担当として、その推進に関わりました。当時は、社内ですべて検討するというポリシーもあり、人事部長や人事課長と議論しながら、制度構築をしていました。もちろん、当時はベストを尽くしましたが、心のどこかで「本当にベストだったのだろうか、他に良い方法はなかったのだろうか」と感じてもいました。事業継続のためには、厳しい人事施策を断行せざるを得ない時期でもありました。一方で、個人的な感覚値ですが、企業文化やエンゲージメントに傷痕が残ったようにも感じました。そして、「これで良かったのだろうか」と葛藤するようになったのです。そこで、苦渋の決断の末、コンサルティングの世界へ飛び込みました。当時の私のキャリアの選択は、「より良い方法を知りたい」という「欲求」を優先したものでした。そして、コンサルティングファームへの転職は、自分の「欲求」を十二分に満たすものでした。素晴らしくも厳しい諸先輩方や優秀な同僚に囲まれ、多くの「学び」を得ました。30代には、プロジェクト・マネジャーとして顧客の組織・人事に関するさまざまな提案・支援の経験を積みました。顧客企業が効果的に人事施策をおこない、組織が活性化していくことに、喜びや充実感を感じることもできました。経験を経ることで、顧客への貢献に「価値」を見出せるようになったのです。キャリア観は人それぞれですが、私の場合は事業会社での原体験をトリガーとした「欲求」や「価値」に重きがあると言えます。

もう1つ、キャリアアンカーが変わった知人の例も紹介します。その人は、公務員として長い間、実直に働かれ、将来を嘱望された人でした。しかし、お子様に先天的なハンディキャップが見つかりました。そのため、家族一丸となって、機能維持のリハビリや最新医療の実践などに精力的に取り組んでいました。そして、彼は公務員の仕事をやめ、リハビリ施設の職員として働くことにしたのです。お子様に寄り添ってさまざまな経験を体験するなかで、彼のなかの「価値」が変わったのです。「自分が公務員として続けていたら、出世をし、世の中の役に立つことができたかもしれません。しかし、私にとっては自分の子供や同じ環境の子供たちに力になれることの方が、よっぽど意味のある仕事だと思ったのです。数年前の自分からは想像できないキャリアの選択肢でしたね」と、彼は語ってくれました。

キャリアの主人公は「自分」です。他人が自分のキャリアをどう思うかは、まったく関係ありません。自分が何を大事にし、それに沿ったキャリアが歩めているかどうかが、最も重要なのです。読者のみなさんは、自分が大切にしているものが見えてきたでしょうか。また、ひとつひとつの意思決定を会社任せにせず、自分の「意思」を込めて決められているでしょうか。キャリアアンカーは自分の核となるキャリア観です。ぜひ、「自分らしいキャリア」を送るためのキャリアアンカーを模索してみてください。

職務に対する適性があるかを見極める

自分の内面で、何を大事にするかが見えたら、次は職務の視点から捉えてみましょう。

まず、自分のキャリアアンカーに合った職業や職務の選択をすることは大事ですが、職務サイドから見た向き・不向きも考慮しなければなりません。企業のなかには、さまざまなタイプの職務があります。変化が激しく、猛スピードで仕事をこなさなければならない職務もあれば、確立されたプロセスのなかで、自分のペースで進められる職務もあります。他者との折衝・交渉などの対人関係を中心とした職務もあれば、分析やプログラミングなどのデスクワークを中心とした職務もあります。深い専門知識を土台としなければならないものもあれば、そうではないものもあります。

コーン・フェリーの調査では、個々の職務適性に合った人材を配置すると、職務適性に合わない人材を配置するよりも、最大13倍もの意欲レベルの差が出ることが分かりました。職務適性に合った人材は、総じて職務の満足度が高く、高揚感を覚え、職務遂行に対して献身と努力を惜しまない特徴が見られました。これは、当たり前のことです。読者のみなさんも、「自分に本当に合っていると実感する仕事」に出会えることもあれば、「しっくりしない仕事」と思いながら続けていることもあるでしょう。自分に合った仕事であれば、寝食を忘れて没頭するようなことも珍しくありません。一方で、自分に合わない職務につくと大変です。ミスを連発したり、本人にフラストレーションがたまったりします。最悪の場合、メンタルに不調をきたすことすらあります。

企業側も、この職務適性を勘案した人員配置を考慮するようになってきました。第2章でも紹介しましたが、職務（適所）に適性のある人材（適材）を配置しようという「適所適材」の考え方です。ただし、企業の目指す「適所適材」は全体に対する施策です。社員の一人一人にまで、きめ細やかに、職務に合った適性配置ができるかというと、なかなか難しいといえるでしょう。そのため、企業が「適所適材」を目指していても、局所的なミスマッチは避けられないのです。

「ジョブ型」時代では、キャリアの固定化が進んでいきます。職務適性のない配置に甘んじていると、自分を壊しかねません。前項では、個人の充実したキャリアを歩むうえで、キャリアアンカーである「能力」「欲求」「価値」の優先順位をつけることが大切とお伝えしましたが、一方で職務側からみた職務適性の有無は重要です。いくら「好き」な職務だったとしても、職務適性がまったくないようだと、成果も出ません。無理を続けると心身に負荷をかけますし、「好き」が「嫌い」になることすらあります。「職務適性」がどの程度、自分にあるかは、中長期的なキャリアを考えるうえで、押さえるべきポイントなのです。

職務の「職務適性」を知るためには、どうすればいいでしょうか。ここで2つ目のワークをやってみましょう。「図表3 - 4」にワークシートを準備しましたが、「職務内容」「職務要件」「自己の職務適性」という3つのカテゴリについて、考えてみましょう。この後、個々のカテゴリについては、詳述します。現在、自身が従事している職務について整理してみてください。

「職務内容」は、簡便な職務記述書のようなものです。まず、「果たすべき責任（アカンタビリティ）」を3つほど挙げてください。「逃れられない責任」とも言いますが、その職

図表3-4　職務適性を考えるための枠組み

職務内容

<果たすべき責任（アカンタビリティ）>

<典型的な日常業務（タスク）>

職務要件

<求められる知識・スキル>

<求められるコンピテンシー>

自己の職務適性

<求められる知識・スキルとのギャップ>

<求められるコンピテンシーとのギャップ>

記入例：ベンチャー企業の新規事業開拓のケース

職務内容

<果たすべき責任（アカンタビリティ）>

- ○○の新規事業を黒字化させる
- ミス無く確実にサービス運営できる業務オペレーションを確立する
- 事業に必要な人材を獲得し、育成する

<典型的な日常業務（タスク）>

- 新事業の企画、予実管理、追加施策等の立案、実施
- 取引先の開拓と既存顧客のフォロー（継続受注のための営業活動）
- 日常的な業務トラブルの対応指示、トラブルの原因分析と業務プロセスの見直し
- 新規採用活動（採用イベントの登壇、面接）
- メンバーとの定期的な１on１、勉強会の実施

職務要件

<求められる知識・スキル>

- 事業スキル：戦略、マーケティング、会計等の汎用事業スキル
- 業界知識：商流や商慣習などの基本的な理解

<求められるコンピテンシー>

- 論理的な思考力：常に数値や事象の裏づけをとり、原因分析が必要。また、物事の優先順位を正しくつけなければ回らない。
- 柔軟性：ほぼ毎日、何かのトラブルが起き、朝令暮改をしなければならない。
- 育成力：どれほど忙しくても、教育投資を怠ると事業は伸びない。

自己の職務適性

<求められる知識・スキルとのギャップ>

- 事業スキル：実地のなかで学習中
- 業界知識：一通りは十分に理解している

<求められるコンピテンシーとのギャップ>

- 論理的な思考力：論理的思考力は得意分野。きっちりと分析したり、優先順位を決めることは出来ている。
- 柔軟性：自分は柔軟性が低く、融通がきかないとよく言われる。苦手だと思う。
- 育成力：人を育てるのは、好きだがあまり上手いとは言えない。コーチングなどは習った方がいいかもしれない。

務で最後までやり切ることが求められる責任とは何かを考えてみるといいでしょう。売上・利益などを上げる責任や、新規技術・製品を開発する責任、顧客・チャネルを開拓する責任、人材を育成する責任などが挙げられます。さまざまな責任を担うことがあり得ますが、ここでは特に重要というべき核となる責任を3つ挙げてください。そして、それらの責任を果たすために、日常的におこなっている業務（タスク）を挙げてみてください。多くの時間を割いているような業務が、それに相当するでしょう。

「職務内容」が見えてきたら、次は「職務要件」と「自己の職務適性」の欄です。「職務内容」を実行するには、どのような知識・スキル・能力が必要かということをリストアップするのが「職務要件」です。その「職務要件」に対して、自分が充足しているかどうかを判断するのが「自己の職務適性」です。つまり、職務の側から見て、求められる知識・スキル・能力を棚卸し、自分がそれに合致しているかどうかを明らかにするのです。

本書では、知識・スキルは表面的で分かりやすいものを指します。業務知識、電気技師、英語やコンピュータ言語といった資格・技能的なものをイメージするといいでしょう。能

図表3-5 氷山モデル

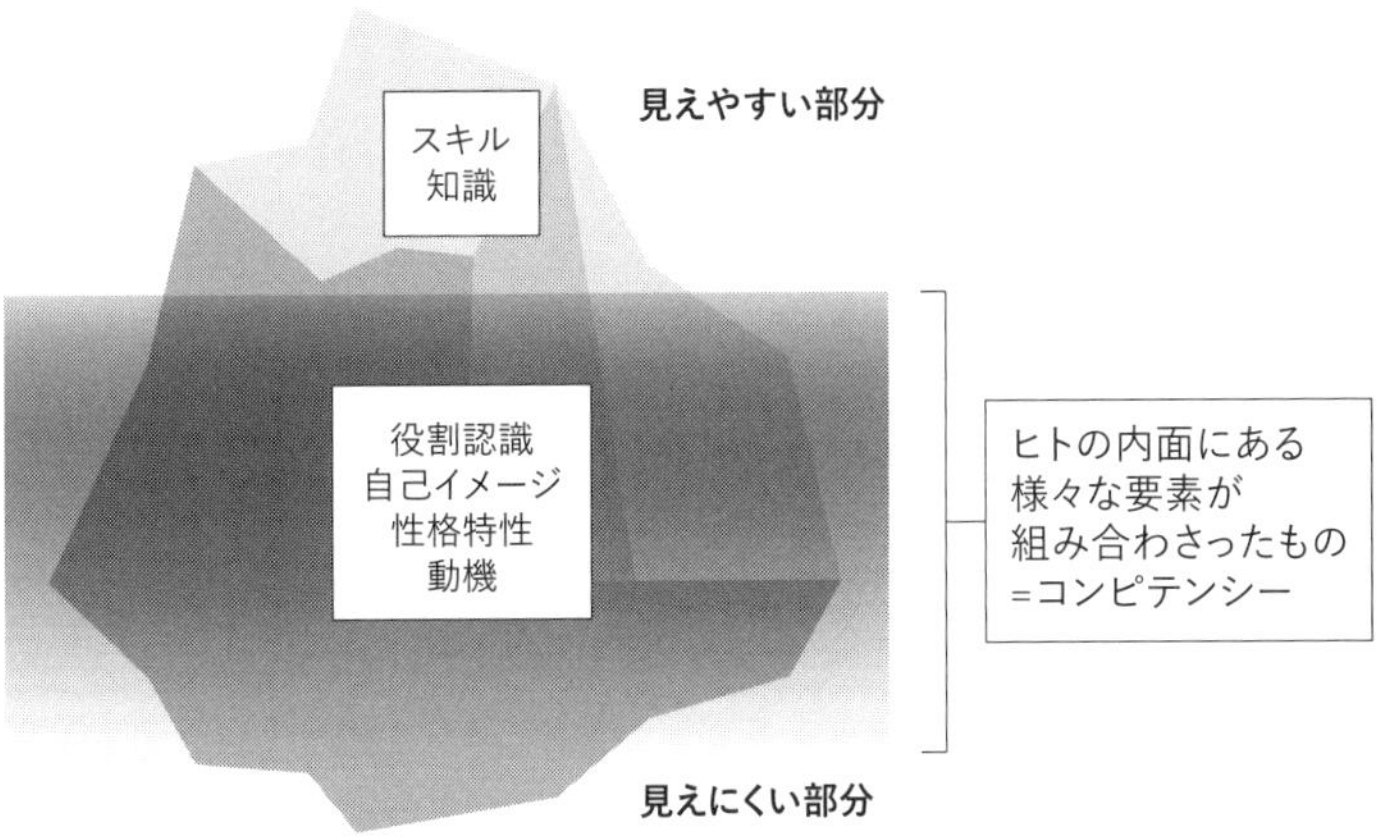

力は人の内面のさまざまな要素の組み合わせを指します。そして、この人の内面のさまざまな要素の組み合わせをコンピテンシーと呼ぶこととします。コンピテンシーは、1970年代にハーバード大学の心理学者であるデイビッド・マクレランド教授が提唱した考え方です（図表3-5）。マクレランド教授は、「人の能力は、氷山のようなものである。氷山は水面上の目に見える部分よりも、目に見えない水面下のほうが何倍もの大きさを持っている。人の能力も同じで、外から見え把握が容易な能力は、全体の能力の一部分にすぎず、その大部分を占める能力を把握するのは容易ではない」としま

した。マクレランド教授は人の内面にあるさまざまな要素の組み合わせを総称して、コンピテンシーと名づけたのです。ひらたく言うと、表面に出ている部分を知識・スキルと捉え、内面的な能力をコンピテンシーと捉えてください。

一般的に、知識・スキルは、時間をかけて努力をすれば獲得可能です。しかし、知識・スキルがなければ、職務を遂行する前提条件すら満たさないケースもあります。例えば、銀行員や証券会社などで、金融商品や法規制などに関する知識がなければ致命的です。現職務でスキルが足りていないようであれば、すぐに身につけるよう努力したほうがいいでしょう。また、直近の職務で求められるスキルもできる限り獲得しておくことが望ましいといえます。スキルがなければ、スタートラインに立つことすらできないことがあるからです。

職務適性を考える場合、コンピテンシーはより重要です。内面的なフィット感は、個人の動機やパフォーマンスに大きく影響を及ぼすからです。例えば、マンションなどの不動産販売を思い浮かべてみてください。営業パーソンに求められる知識などは、それほど差はありません。しかし、動機やパフォーマンスには大きくバラつきが出ます。社交性が高く、顧客の観察眼に優れ、細かな部分まで目の行き届く人は、職務適性が合う可能性が高い傾向があります。顧客も「人生を賭けた買い物」なので、選択眼も厳しいものです。こうしたことから、顧客の関心事をいち早く察し、上手くアピールできる人が求められるからです。一方で、口下手であったり、ガサツだったりすると、なかなか顧客から信頼を得られません。いくら、その仕事が好きで、価値を感じていたとしても、求められるコンピテンシーを適切に発揮できなければ、職務を上手く遂行することはできません。

自分の職務適性を考えるうえでは、職務側から見て求められるコンピテンシーを考え、自身とのギャップを捉える必要があります。「図表3 - 6」にマクレランド教授の研究をもとに、一般的に求められるコンピテンシーを類型化したものを示します。こちらをヒントに、職務に求められる能力を考えてみてください。

このワークにあたり、上司や同僚の意見を求めることも、大変有効です。特に上司は、自分では気づいていない視点を与えてくれる可能性が高いといえます。多くの場合、上司は現職者より、長い時間軸と広い視点で職務を捉えています。同じキャリアの先を歩む先

図表3-6 **コンピテンシーを考えるうえでのヒント**

思考	
論理的思考力	物事を論理的に捉える力
コンセプト力	物事を抽象化・コンセプト化する力
情報収集力	情報を執拗に求める力

組織運営	
リーダーシップ	リーダーとして組織を方向付ける力
チームワーク	チーム内で上手く連携しようとする力
育成力	メンバーを育成し、支援しようとする力

エンジン	
達成意欲	物事を完遂したいと考え行動する力
顧客志向	顧客のことを第一に考えて行動する力
組織貢献	組織に献身的に尽くそうとする力

外部影響	
説得力	他者に影響を与え説得する力
傾聴力	他者の意見に耳を傾ける力
政治力	組織力学を理解し、上手く活用する力

業務遂行	
先見性	先々を見据えて早めに対応する力
柔軟性	柔軟に物事に対応しようとする力
徹底確認力	基準を徹底的に順守しようとする力

輩としての重要な示唆を与えてくれるでしょう。自分では、「適性がある」と思い込んでいても、上司や周囲から見ると、「少し、適性の面で難しいのではないか」と思われていることは往々にしてあるものです。ぜひ、第三者の視点を積極的に取り入れるようにしてみてください。

「自己の職務適性」が分かれば、まず決めるべきことは、「このキャリアを続けるか／やめるか」です。職務に求められる知識・スキル・コンピテンシーと自身のギャップが大きすぎて超えるのは難しいときには、「やめる」という選択肢も英断です。企業は営利活動を続けている以上、基本的にどのような職務においても成果を求められます。求められる職務要件と自分に大きなギャップがあるときには、非常に苦しい立場に追い込まれます。そのときとして、自分のメンタル自体にも大きな傷跡を残しかねません。取り返しのつかないことになる前に、自分のキャリアの意思決定をすることは、大変重要です。

「やめる」は転職だけではありません。異動や配置転換も含まれます。同じ職場内でも仕事のアサイメントを変えてもらうこともいいでしょう。自分で職務適性に大きなギャップがあると認識している場合、上司や周囲も同じ認識であることが多いものです。素直に上司や周囲に相談して、別の選択肢を模索することがいいでしょう。上司や周囲の理解を得にくい場合は、人事部や社内のキャリアコンサルタントなどに相談することも有益です。職務適性の合わない配置であることは、本人だけではなく会社や職場にとっても大問題です。自分だけで抱え込まずに対応することをお勧めします。

「続ける」場合、いくつかのパターンがあります。職務適性がバッチリの場合は、そのまま職務にコミットするのがいいでしょう。多少、職務適性が合わなくても、続けていく意思がある場合には、2つの選択肢があります。

1　求められる職務要件を満たすよう能力開発に努める

2　与えられた職務を回せるようカスタマイズする

最初の選択肢は、しごく当たり前の選択といえるでしょう。足りない知識・スキルがあるのであれば、まずは身につけるように努力しましょう。コンピテンシーについても、ギャップがあるようであれば、埋めていく努力をするといいでしょう。例えば、本当は社交的ではないかもしれませんが、仕事で求められるため「社交的になろう」と努力することです。さすがに、自分の本来の特性と真逆の方向へ変えていくのは、心身に支障をきたすリスクがあるのでお勧めはしませんが、多少のズレであれば自己開発は可能です。

訓練と実践を繰り返すことで、基本的にコンピテンシーは開発可能です。重要なことは、「何を伸ばしたいか」を明確にイメージし、訓練と実践の場を持つことです。例えば、対人関係のコンピテンシーが苦手な人は、関連する書籍や動画をみて理論やコツを掴むことは良いことです。しかし、それだけではコンピテンシーは身につきません。商談や交流の場に出て、積極的に対話に加わり、実際に学んだ理論やコツを実践していくことが重要なのです。このような積み重ねをおこなうことで、職務要件に合った能力開発を進めることが可能になるのです。

もう1つの選択肢は、自分に合わせて職務の方をカスタマイズすることです。職務は、あくまでも「果たすべき責任（アカンタビリティ）」を全うすることが求められます。しかし、責任を果たしさえすれば、進め方や実現方法には裁量の余地があります。どうしても自分には苦手なことで、職務の進め方を変えることで上手く対応できるのであれば、それも有効な選択肢になります。例えば、大雑把な性格の人が他者の業務品質の検分を任されたとしましょう。前任者は、ひとつひとつの業務を細かく丁寧にチェックすることで対応していたとします。この場合、「果たすべき責任」は、「業務のミスを出さない」ことであり、「自分が細かくチェックすること」ではありません。つまり、「業務のミスを出さない」ように、業務の進め方を変えてしまえばいいのです。業務標準書や自己チェック表を作成して、担当者本人に検分させることで、自分がチェックする項目・内容は減らすことができるかもしれません。ミスが自動的に検出できるような体制やシステムを作ることで解決できるかもしれません。無理に自分の「苦手」を克服しなくても、職務のカスタマイズで乗り切るのも1つの選択肢です。この選択肢がとれる状況は限られているかも知れませんが、押さえておくといいでしょう。

自分の職務適性が分かると、自分の取るべき行動も見えてきます。特に、自己の職務適性を知ることは「進むべきか／退くべきか」という大きな「意思決定」の材料になります。

「進む」にせよ、「退く」にせよ、それは自分の「意思」です。「意志あるところに道あり」と言いますが、「意思」をもって決めるところに、自分らしいキャリアができていくのです。ぜひ、みなさんも、今一度、職務適性を振り返ることで「進むべきか／退くべきか」についての「意思」を確認してみてください。

目指すはＴＴ（ダブルティー）人材

ここまで、かなり現在の職務に焦点を絞って、キャリアの選択や能力開発について解説をしてきました。職務適性とのギャップから「役に立つ」能力開発を推奨してきましたが、キャリアを積み重ねていくなかでは、予想外の変化がいつ襲ってくるか分かりません。そして、思わぬ変化が起こった際に、「役に立たない」と思っていた能力が意外にも助けてくれることがあります。

スティーブ・ジョブズの経験は、その「役に立たない」能力開発の重要性を教えてくれます。ジョブズは若い頃、大学を中退し、いわゆるモグリの学生として興味の赴くままに講義を受けていたそうです。そのなかで、文字芸術（カリグラフィー）に強く興味を惹かれ、没頭するように学びました。時が流れ、マッキントッシュを設計する際に、その経験が蘇ってきたそうです。そして、世界で最も美しいフォントを持つコンピュータが生まれることになりました。ジョブズは、フォントを作るために文字芸術を学んだのではありません。文字芸術とパソコンが結びついて偶然、美しいフォントができたのです。そして、まっすぐ進むことだけではなく、寄り道をすることも重要とも語っています。

この事例が示唆することは、変化の激しい時代には小さくありません。就労期間が長期にわたる現代では、長いキャリアのなかで何度か事業や職務を変えなければならない可能性があります。現職で「すぐに役に立つ」能力ばかりを追い求めていると、予想外の変化を前にして立ちゆかなくなってしまうことがあります。みなさんの周りでも、異業種に転職し、前職ではハイパフォーマーだったけれど、イマイチ結果を生み出せないという人はいませんか。官僚や公務員から民間企業、大企業からベンチャー、銀行から取引先経理、コンサルから事業会社などの異なる環境への転職は、類似した職務であっても求められる能力が変わってきます。今までの能力が必ずしもそのまま活きるわけではありません。そのときに、能力の引き出しが少ないと、変化対応が難しくなってしまうのです。

これは、何も異業種に転職する人に限りません。何度か述べてきたように、あらゆる事業・企業・職務は社会の変化の影響を受けて、今までとはまったく異なる能力を求められる可能性があります。すべてのビジネスパーソンが変化対応について、備えておかねばならないのです。

筆者は、能力開発について「広さ」と「深さ」の両方向で伸ばしていくことを強く推奨します。「広さ」とは、汎用性のきく普遍的な能力を広げることです。一方、「深さ」とは、ある特定領域の専門性を突き詰めていくことです。これをT（ティー）型人材と呼びますが、Tの字のように水平的な能力と垂直的な能力を併せ持つ人材のことを指します。

現代では、ビジネスは複雑で専門化が進んでいます。ある特定領域に「深さ」を持っていることは、大きな武器になります。専門家と同等の知識・スキルを持っている、高度なプログラムを組める、ソリューションを知り尽くしている、専門資格を持っているといったことです。しかし、「深さ」だけでは、能力の活用の幅が出ません。いかに高度な専門知識があっても、持っているだけでは何の価値も発揮できません。商品・サービス化に結びつけたり、周囲と連携して事業化していったりする「広さ」の能力が価値を出すのです。

図表3-7　求められるTT人材（ダブルティー人材）

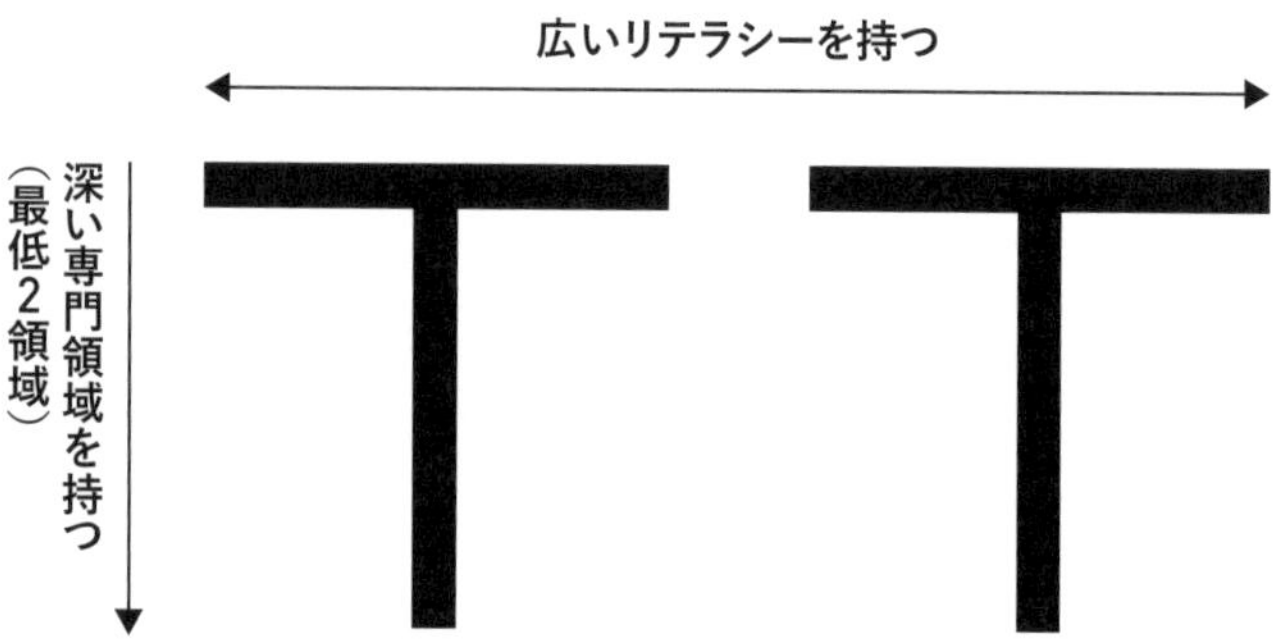

そして、「広さ」と「深さ」が両立したT型人材は、バランスが良く、キャリアで躓《つまず》くことが少なくなります。特に、現職に求められる専門性の「深さ」を手に入れたT型人材は、職場にとって貴重な存在です。職場内できっちり職務（ジョブ）を確保するという点では非常に有効なのです。

ただ、職場内で通じる「広さ」と「深さ」のT型人材では、いざ事業や会社が危うくなったときに、心もとないと言えます。さらに「広さ」を求めるとともに、2本目、3本目の「深さ」を手に入れるTT（ダブルティー）人材、TTT（トリプルティー）人材を目指す必要があるでしょう。汎用的な能力の広さに加え、複数の柱となるような専門性の深さを持つことで、想定外の事態への対応力を増すことができるのです（図表3-7）。

「広さ」を出していくには、物事に好奇心を持って視野の幅を広げようとすることです。「広さ」は、戦略策定、マーケティングや管理会計などの事業スキルも含まれますが、それだけではありません。対話力やリーダーシップなどのコンピテンシーもあれば、哲学やアートといったものも含まれます。ビジネスパーソンであれば、ひと通りの事業スキルは知っておく必要がありますが、それ以上の物事については自分の興味・関心の向くまま「学び」をおこなっていくといいでしょう。今は、さまざまな「学び」の選択肢がありま す。社会人ビジネススクールもあれば、オンラインスクールや書籍、動画、アプリなど多岐にわたる「学び」の手段があります。それぞれ費用、効果は異なりますが、自分に合った「学び」を模索してみることをお勧めします。

「深さ」を出していくには、そのことに「没頭」することです。類書を読み漁る、先端の講演を聞きまくる、実際に手を動かしてみる、といったことが重要です。なかでも、「実際に経験する」ことが重要です。知識の定着は、経験によって進んでいくからです。自ら当事者として経験を積み、試行錯誤を重ねることで、初めて知識が身体に沁み込んでいくのです。経験を積むことで、自分が身につけた「能力」への「自信」も芽生えてきます。そして、「ジョブ型」時代の重要な武器である「実績」も手に入れられます。「学ぶ」だけではなく、アウトプットの場を積極的に求めていくといいでしょう。

「深さ」の対象は、現職で「役に立つ」ことにこだわる必要はありません。ジョブズにおけるカリグラフィと同じです。自身の興味・関心に合わせて「学び」を深めていくことでもいいでしょう。例えば、これからプログラミングが義務教育化されていきます。自分の現職で直接、活きることがなくても、プログラミングを学んでみるということは素晴らしいことです。今はすぐに役に立たなくても、10年後、20年後のどこかのタイミングでキャリアの支えになる可能性は十分にあります。「広さ」を出していくなかで、特定領域に興味・関心が湧き、「深さ」を探求していくというパターンもあるでしょう。いわゆる「ハマる」という状態です。

もちろん、興味・関心が持てるのであれば、現職で「役に立つ」ことで「深さ」を持つことは良いことです。深さの本数を増やしていくことは、他者から識別される「タグ」を増やすことに他なりません。「英語」「会計」「M&A」「プログラミング」「調理師」「ソムリエ」など、「タグ」が多いことは生き残りの武器です。特に、現職に関連した「タグ」が増えてくると、仕事上のチャンスが巡ってくる確率が上がります。

「学び」は、ジョブ型時代の最大のリスクヘッジです。ジョブ型時代では、個々の職務（ジョブ）に適した人材を配置するようになり、「できそうな人」に仕事が回ります。職務（ジョブ）に類似した経験を持つ人、相応の能力を持つ人が選ばれます。未経験で、かつ求められる能力がなければ、機会は巡ってきません。いざというときに、「できる（能力がある）」状態にあることが重要なのです。能力開発は、「将来の自分への投資」です。自分への投資を惜しんでいると、いざというときに機会を逃しかねません。ただ、「学び」を続けることは、簡単なことではありません。すべてを仕事のためだけに絞り込むのではなく、自分の興味・関心に広く目を向け、「学び」を楽しみながら、「広く」「深く」能力を開発し続ける意識を持つといいでしょう。

重視すべきは経験資産

「広く」「深く」と大いに関わることですが、「ジョブ型時代」においては、経験こそが大きな武器になります。ここで、私たちビジネスパーソンが意識しておきたいことは、「経験は資産」ということです。「若いうちの苦労は買ってでもしろ」という言葉がありますが、まさにこれを意識することが「ジョブ型時代」では重要なのです。

前述の通り、キャリアの前半期はゴールデンタイムです。新卒一括採用によるメンバーシップ型雇用を続ける日本企業では、キャリアの前半期は未経験でも経験を積むチャンスが回ってくる可能性があります。そこで、「経験」を逃さずに積み上げていくことが、後のキャリアの助けになります。そして、「経験」を持つ人に、機会は優先的に回り、キャリアの階段をのぼれるかどうかに大きく影響を及ぼすのです。

そのために3つ、心得ておきたいことがあります。

1　自分にとって意味のある「良質」な機会を見極める

2「良質」な機会に対しては、迷わず手を伸ばす
3「お金」より、良質な「経験」を重視する

順を追って解説します。

1 自分にとって意味のある「良質」な機会を見極める

すべての「経験」が良質とは限りません。職場には、さまざまな機会があります。そのなかには自分にとって有益な「経験」につながるものもあれば、そうではないものもあります。自分のキャリア観に合致して、適度にチャレンジングな機会は、自己の成長につながる良い「経験」となるでしょう。一方で、自分の目指す方向性と合致していないものは、あまり良い「経験」とは言えません。また、自分で達成が可能かどうかも押さえる必要があります。難易度からみて、自分には到底できそうもない仕事は厄介です。自分の学びにもつながらないですし、パンクして周囲に迷惑をかけてしまうリスクもあります。「失敗」も成長のためには重要なエッセンスですが、「大失敗」はそうではありません。むしろ、自分のキャリアを台無しにしてしまうリスクさえあります。

まずは、どのような「機会」が職場にあり、自分が「経験」として手に入れたい／入れるべきかを何かを考えることが重要です。そのうえで、自分の望ましい「経験資産」を手にできるように働きかけていくのです。

望ましい「経験資産」を手にするためのポイントは、ちゃんとバランスを考えて行動することです。筆者のお勧めは、自分の仕事のポートフォリオを考えてみることです。仕事をすべて「好き」で満たすことは、なかなか難しいことです。いかにデザインの仕事が好きだといっても、他者との折衝や見積もり作成といった「好き」ではない仕事が含まれているものです。ましてや、企業に在籍すると、組織や上司からさまざまな要請があります。自分の仕事全体を振り返ったときに、ＷＩＬＬ（意思を持って取り組めている仕事）、ＣＡＮ（得意領域が活きている仕事）、ＭＵＳＴ（やらねばならない仕事）がどのような比率となっているかを考えてみてください。ＭＵＳＴな仕事に埋め尽くされているようですと、自分のキャリアを他人任せにしてしまっている可能性があります。自分が受け入れ、納得できるポートフォリオを目指して、上司や周囲と調整することをお勧めします。ある程度は、ＭＵＳＴな仕事を受け入れつつも、機会を見極め、ＷＩＬＬやＣＡＮの仕事を増

図表3-8　仕事のポートフォリオ

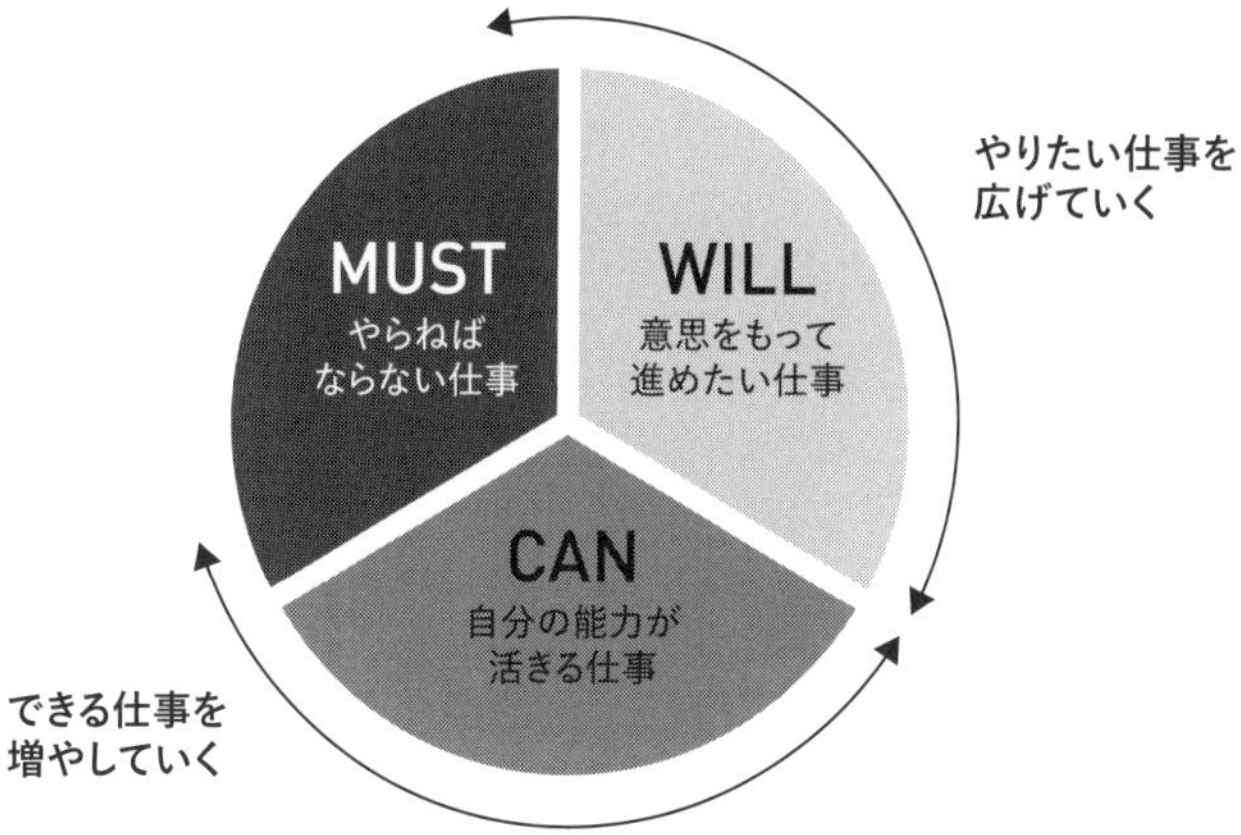

やしていくことが、自分らしい「経験資産」を増やしていくことにつながっていくのです（図表3－8）。

2 「良質」な機会に対しては、迷わず手を伸ばす

私もそうですが、日本人の特徴として、あまり前に出ることを是としない気質が根強くあります。目の前に自分の望む機会があっても、指名されることを待つ人は非常に多いように見受けられます。これは、私たち日本人が小さい頃から教えられてきた教育とも大きく関連がありま す。ある大企業の経営幹部が、さまざまな国の人に子供の頃、どう親から言って

聞かされたかを聞いたことがあります。欧米の人は「Be yourself（あなたらしくいなさい）」、インドや中国の人は「Be No.1（一番になりなさい）」という答えが多かったそうです。一方で日本人はほとんどの人が「周囲に迷惑にならないようにしなさい」です。日本では同調圧力が強いと言われますが、私たち自身も知らず知らずのうちに、周囲に合わせようとする意識があるのです。

しかし、自分がキャリアを築き上げていくうえでは、あえて意欲を奮い立たせて、手を挙げることが重要です。手を挙げなければ、自身の意欲に気づかれることなく、他者へ機会が回ってしまうリスクが高まります。確かに、上司や周囲が「あなたならできる」と熱心に動機づけて、請われて機会を得るのが理想かもしれません。しかし、そのような機会は現実にはほとんどなく、理想のセットアップを待っているうちに、機会を失ってしまうのです。

ジョブ型人事制度を導入する先進企業では、ジョブポスティング（公募制）がおこなわれることがあります。これは、企業が社員に機会を提示し、社員の自立的なキャリア形成を応援しようとする制度です。「新規事業開拓の職務で人が必要なので、誰か社内の人で応募しませんか？」といった具合です。しかし、企業によっては、この制度はまったく盛り上がらないことがあります。公募をしても、応募する人が出てこないのです。「職場にバレると居づらくなる」「会社や人事部は信用できない」「どうせ公募しても受からない」といった後ろ向きな理由がほとんどです。しかし、これは非常にもったいないことです。企業がこのような制度を打ち出すのは、職場の裏切り者をあぶり出す「踏み絵」をおこなうためではありません。あくまでも、意欲ある人材を積極的に起用したいからです。日本人の「周りに合わせる」呪縛はかなり強力です。しかし、目の前の機会は、勇気を出して手を挙げる人に優先的に回ってきます。制度の有無にかかわらず、目の前に自分の望む機会が巡ってきたら、積極的に掴みに行く気概が重要なのです。

3 「お金」より、良質な「経験」を重視する

キャリアの選択は、ときとして「お金」か「経験」かの2択を突きつけることがあります。例えば、貴重な「経験」になるが、お金にならない。逆に、「お金」は良いが、良質な「経験」とは言えない。このようなジレンマはつねに起こりえます。もちろん、バラン

ス感の問題ではありますが、長期的な視点に立つと、良質な「経験」を求める方をお勧めします。

本項の冒頭に「経験」は資産であるとお伝えしましたが、金融資産と経験資産のどちらを優先するかという問いです。金融資産は確かに重要です。しかし、キャリア全体を考えると、金融資産よりも経験資産のほうが、大きな助けになります。特にキャリアの前半期は、「経験」を積める絶好の機会です。ここで「お金」ばかりを重視した選択をしていると、キャリアの中盤期・後半期に拠って立つ基盤ができ上がりません。むしろ、良質な経験を積んでいると、「お金」は後からついてくると信じて、充実した経験を積むことを推奨します。

もちろん、「お金」か「経験」かは、バランスのなかで考慮すべきであり、つねに「経験」を選択しなさいということではありません。さすがに、家族を養いながら、経験のためとはいえ無給・薄給で働く選択をするのは、賢い選択とは言えません。「経験資産」を大事にする気持ちをもち、バランスを考慮しながら、ひとつひとつの選択をおこなうことが重要なのです。

本章では、ジョブ型時代のキャリアの捉え方をさまざまな視点で解説してきました。次章では、キャリア全体を通じて、「ジョブ型時代」を生き抜くにはどのような行動原理が必要かについて解説をしていきます。

第3章 まとめ

キャリアを左右する「偶発的な出会い」を増やす

■クランボルツの「計画的偶発性理論（Planned Happenstance Theory）」は、キャリアの約8割は偶然のできごとによって左右されていることを証明したもの。偶発的な出会いを増やすためには、行動量を増やし、自己ブランディングをおこなうことが求められる。

自分の核となるキャリアアンカーを知る

■キャリアアンカーは自分の核となるキャリア観。自分の「意思」を込めてキャリアを選び取るには、それを知る必要がある。

職務に対する適性があるかを見極める

■自分の職務適性を考えるうえでは、職務側から見て求められるコンピテンシーを考え、自身とのギャップを捉える必要がある。

■自分の職務適性を知ることは「進むべきか／退くべきか」という大きな「意思決定」の材料になる。

目指すはTT（ダブルティー）人材

■職場内で通じる「広さ」と「深さ」のT型人材では、いざ事業や会社が危うくなったときに、心もとない。さらなる「広さ」と、2本目、3本目の「深さ」を手に入れるTT（ダブルティー）人材、TTT（トリプルティー）人材を目指す必要がある。

■「学び」は、ジョブ型時代の最大のリスクヘッジ。いざというときに、「できる（能力がある）」状態にあることが重要だからである。

重視すべきは経験資産

■「経験は資産」である。「ジョブ型時代」には特に重要な考え方だ。

■望ましい「経験資産」を手にするためには、今の仕事ではWILL（意思を持って取り組めている仕事）、CAN（得意領域が活きている仕事）、MUST（やらねばならない仕事）のバランスを考えたい。

■MUSTな仕事を受け入れつつも、機会を見極め、WILLやCANの仕事を増やしていくことが、自分らしい「経験資産」を増やすことにつながる。

第4章

押さえておきたい 5つの行動原理

本章では、「ジョブ型時代」を生き抜くための
考え方と行動について、より具体的に掘り下げます。
日本人ビジネスパーソンが持つべき行動原理として
「学びのアップデート」「持論を形成する力」
「適切に主張する力」「楽観性」「チームワーク」の
５つを取り上げました。
なぜこれらが「ジョブ型時代」に必要か、
どのように意識して開発していくべきか、
詳しく説明していきましょう。

学びのアップデート
知識・経験・能力を素早く身につけ、いち早く新しい環境に適応する

まず、最重要な行動原理は「学びのアップデート」です。学びのアップデートとは、新たな学びを受け容れ、自らを進化させていく力です。これからは、就労期間が長期化し、長いキャリアのなかで何度か事業・企業・職務を変えなければならない可能性が高まります。「ジョブ型時代」は、即戦力の時代でもあります。新たな事業・企業・職務に求められる知識・経験・能力を素早く身につけ、いち早く新しい環境に適応していく行動原理が求められるのです。

また、事業・企業・職務を変えるといった大きな変化がなくとも、ビジネスパーソンを取り巻く環境は刻々と変化しています。今まで通用したスキル・能力が、変わらずに通用し続ける保証はどこにもありません。10年というスパンで見ると、同じ事業・企業・職務

であっても、プロセスやツールは大きく変わっていることは珍しくありません。私たちビジネスパーソンは、常にアップデートすることが必要なのです。

学びのアップデートは、5つの力で構成されます（図表4-1）。

①好奇心：さまざまな物事に興味・関心を持って取り組む力
②環境認識力：自分自身の置かれている環境を正しく認識しようとする力
③アウトプット志向：学びを素早くアウトプットする力
④他者に学ぶ力：他者から素直に学びとろうとする力
⑤学習棄却：過去に身に付けた知識・経験を意識的に捨て去る力

順に説明しましょう。

①好奇心

「好奇心」は学びの原動力です。高い好奇心を持つ人は、新たな課題や慣れない環境に嬉々として取り組むことができます。また、物事の違いに着目して、その理由を深く掘り

図表4-1 学びのアップデートを高める5つの要素

好奇心
さまざまな物事に興味・関心を持って取り組む力
→ もっと知りたい

環境認識力
自分自身の置かれている環境を正しく認識しようとする力
→ チャレンジングな環境にいるか

アウトプット志向
学びを素早くアウトプットする力
→ 学んだものをアウトプットしたい

他者に学ぶ力
他者から素直に学び取ろうとする力
→ 他者から学びたい

学習棄却
過去に身に付けた知識・経験を意識的に棄て去る力
→ 一旦、忘れよう

下げて関連する情報を広く集めたり、新しいやり方を試してみようとしたりします。一方で、好奇心が低い人は、確実にできることや、安定したプロセスを好みがちです。そして、新たな挑戦を避け、目先の問題を解決することに力を注ぐ傾向があります。好奇心の有無で学びに対する取り組み姿勢が変わってきます。まずは、自分のなかにある「好奇心」を刺激して、高めていくことが大切です。

「好奇心」を高めるための有効なアプローチは2つあります。1つは、**「なぜ?」と自身に問いかける習慣を持つこと**です。身の周りには、よく考えてみると、おかしなことが意外と多くあったりします。

人は違和感や矛盾を認識すると、「その理由を知りたい。解決したい」という動機が生まれてきます。その動機こそが「好奇心」です。好奇心に任せて、調べ物をしたり、周囲の人や詳しい人に質問したりすることで、さらなる「好奇心」をかきたてることができます。「なぜ、職場の人間関係がうまくいかないのだろう？」と考えると、心理学や人間関係に対する「好奇心」が湧いてくるものです。「なぜ、あの業界は好調なのだろう？」と考えると、産業構造や事業モデルに対する「好奇心」が出てきます。いつでも、「好奇心」の起点は自分の内面にあります。「なぜ？」という問いを立てる習慣をつけることが、「好奇心」向上に役立つのです。

もう1つのアプローチは、**外部から刺激を受けること**です。他者と意見交換をする、尊敬できる人の薫陶を受ける、図書館や美術館に足を運ぶ、動画やニュースサイトを閲覧するといった外部の刺激は、「好奇心」を高めます。職場と自宅をただ往復するだけでは、刺激を受けることはできません。ましてや、テレワークをしている人は、一日中自宅にいることも増え、外からの刺激は自然と減っています。意図的に、行動範囲を広げる意識を持つことが大切です。ある著名な経営者は、販売や製造の現場を歩き回り、いろいろな意見を見聞きすることで、良いアイデアを着想することができると語っています。コロナ禍により、物理的に赴くことは難しくなっていますが、一方で物理的な制約はなくなりつつあります。海外の人でも簡単にアクセスできるようになり、今まで以上に良質で広範なネットワークを作る人も増えています。刺激の場を持つ人と持たない人で大きく二極化してきているのです。物理的ではなくとも、「外で刺激を得よう」という意識を持って、動くことが「好奇心」向上には役立つのです。

②環境認識力

「環境認識力」は、今、置かれている環境を正しく認識することです。学びに重要なのは、適度な難度であることです。体験学習学には、学びに適切な環境（ゾーン）という考え方があります。

■コンフォートゾーン：挑戦のない快適状態

■ストレッチゾーン：未知のものと出会い、背伸びの挑戦を要する状態

■パニックゾーン：対象者に対処しきれない複雑な状態。カオス

コンフォートゾーンは、着地点や解決策が見えており、難なくこなせる状態です。ストレッチゾーンは、少し難易度が高いものの、新たな課題に挑戦できている状態です。パニックゾーンは、対処の難しさや複雑さが格段に上がり、いわばカオスに投げ込まれたような状態です。

人がきちんと「学び」を得ていくのは、ストレッチゾーンにいるときです。今まで培ってきた能力・経験を応用しながら課題に向き合うことで、新たな「学び」を獲得することができるのです。一方で、コンフォートゾーンにいると、新たな「学び」を得ることはできません。自分が「できること」を繰り返しているに過ぎないからです。パニックゾーンも「学び」には有効ではありません。パニックゾーンでは、高い不確実性・不透明性にさらされます。「失敗するリスク」が高すぎて、恐怖や怯えにより、平常心が失われ、「学び」どころではなくなってしまうのです。

「学びのアップデート」に必要なのは、今の自分自身が置かれている環境を見極め、適切な学びの環境へ身を移していくことです。ここで、注意をしておきたいのは、人は経験によって成長するため、成長に伴いゾーンは変わっていくことです。少し前はストレッチゾーンに居たとしても、自分の成長に伴い、いつの間にかコンフォートゾーンに身を置いてしまうことはよくあることです。常に現時点の自分が身を置いているゾーンを正しく認識することが重要なのです。

環境を正しく認識するために有効なのは、自問自答です。「今、良いチャレンジができているか」を自分に問うことです。「最近、刺激や成長を感じることが少なくなってきた」というようであれば、次のステージにあがる準備が出来ているということです。1つ上の役割を求めたり、新たな挑戦の場を求めたりすることがいいでしょう。一方で、「自分には明らかに手に余る」「炎上しており、自分に収拾はできない」というようであれば、周囲に助力を頼むか、撤退することを考えることが必要です。自分の能力では解決できない課題を抱えていても、事態は悪化するだけです。収束せずに会社が損失を被るか、あるいは自分の心身を壊してしまう、といった結末になることすらあり得ます。もちろん、修羅場で踏ん張ることで、大きな成長につながることもあるかも知れませんが、大きなリスクを抱えることには変わりがありません。自分のキャリアを守れるのは自分だけです。長いキャリアを生き抜くなかで、そのような博打のような成長機会に身を委ねるのは、あまりお勧めできません。あくまでも、「学び」に最適な環境は、ストレッチゾーンです。自身の置かれた環境を正しく認識し、「学び」につながるゾーンを求めていくことが、継続的な「学び」につながっていくのです。

③アウトプット志向

人は好奇心や経験によりさまざまなインプットを得ます。そして、アウトプットすることで、実践的な学びへと進化させることができます。知識・スキルを定着化させ、進化させるためには、積極的にアウトプットをしていくことが重要です。

分かりやすいので、英語学習を例にとってみます。英単語を覚えたり、リスニングの勉強をしたりすることでインプットは進みます。しかし、これだけでは「仕事で使える英語」は身につきません。外国人との会話の場で実際に話したり、英語のメールや文書を書いたりしなければ、「仕事で使える英語」にはなりません。実際に使ってみると、ビジネス上で使う単語や言い回しなどは限られていることは多くあります。インプットは重要ですが、アウトプットを重ねることで、自分のスキル・能力の定着は進み、実践的なものへと進化することができるのです。また、アウトプットをおこなうことで、周囲からフィードバックを得ることができます。これにより、新たな気づきや創意工夫のきっかけを得ることも大いにあります。

英語学習に限らず、新たなスキル・能力を身に付けたら、アウトプットしてみることが重要です。そのときに、ただ漠然とスキル・能力を使うのではなく、自分なりのゴールを課して、ゴールの達成にこだわることが有効です。これは、会社や上司など、他者から与えられたゴールのことではありません。自分自身が実現したいゴールを自発的に設定することを指しています。

例えば、ある期間に営業目標などが課せられたとしたら、その営業目標を目指すのは組織人として当然のことです。それとは別に「全国で一番になる」「新しいタイプの提案をおこない受注する」「今まで受注できなかったあの顧客から受注する」といった具合に、自分がワクワクするようなゴールを立てていくことです。高いゴールや結果を求めるようになると、自己評価の基準もあがってきます。この自己評価の基準の引き上げが、学びにつながっていくのです。

アウトプットの場は、どのような場でも構いません。仕事上でもいいですし、プライベートなことでもいいでしょう。自分がインプットして蓄積した知識・ノウハウを活用して、何らかのアウトプットに結び付けることが重要なのです。昨今では、ＳＮＳなども発達しており、個人が発信できる場も増えています。このような機会も有効に活用するといいでしょう。

④他者に学ぶ力

「他者に学ぶ力」とは、他者に敬意を持ち、素直に吸収しようとする力です。「学び」は他者から多くもたらされるものです。**他者への敬意を持ち、柔軟にさまざまな考えを受け容れていく寛容さが「学び」を加速させます**。パナソニックの創業者、松下幸之助氏はどのような人であっても、姿勢を正してじっと頷きながら話を聞き、良い意見はどんどん取り入れていったと言われています。他者に敬意を持ち、積極的に「学び」を得ようとする人には、さまざまなノウハウや知恵が集まってくるのです。逆に、過度な自信を持ち、他者の意見を聞き入れない姿勢の人には、学びの機会は近寄ってきません。他者を論破し、独演会のように自説を押しつけようとする人と一緒に学びたいと思う人はいないからです。謙虚な姿勢で、相互に学び合おうという姿勢を持つ人にこそ、学びの場の声がかかり、そのネットワークからさらなる機会を得られるのです。

そもそも、他者の声に耳を傾けない人は、他者から「学び」を得ることができません。周囲も「教えても無駄」と認識してしまいます。そのため、このような人は、必要最低限の業務指導しか受けることができなくなってしまいます。他者が獲得した実践知は、「生きた学び」であり、きちんとした関係性のなかでしか伝えられません。「生きた学び」を得るためには、他者の声に耳を傾けることが必要不可欠なのです。

「他者に学ぶ力」を高めるには、相手に関心を寄せ、何かを学び取ろうとする意識を持つことがまず重要です。そして、自分が他者より優れていると捉えないことです。自分はある面では優れている面があるかも知れないが、他者も同様に優れた面を持つことを理解しなければなりません。相手が後輩や年下であっても、相手が詳しいことなどは、むしろ謙虚に学ぶ姿勢を持つことが大切です。自分の接点のある人から、多種多様な「生きた学び」を得ていくことで「学び」は加速します。自分の周囲にいる人を師として、さまざまな「学び」を吸収する素直さを持つことが成長の秘訣と言えるでしょう。

⑤学習棄却（アンラーニング）

「学習棄却」とは、過去に学んだスキル・能力や既存の価値観を意識的に棄て去り、新たに学び直すことです。人は、過去の学びに執着し、無意識的に、過去に体得したスキル・能力に過度に頼ってしまうことがあります。この「過剰依存」は「学びのアップデート」

の妨げになってしまうことが往々にしてあります。

例えば、大企業からベンチャーに転職したときに、大企業の流儀を周囲に押しつけようとする人がいます。MBAを取得した人やコンサル出身の人が、理論を無理やり実地に当てはめて、推し進めようとして失敗するケースもあります。もちろん、過去の知識・経験が活きる部分もあるでしょうが、それらが完全にハマるとは限りません。過去のスキル・能力に過剰依存していると、期待される成果は出せず、周囲から「期待外れの人」というレッテルを貼られてしまうことすらあります。環境が変われば、求められるスキル・能力は変わっていきます。過去に獲得したスキル・能力に頼っていると、新たな「学び」は進まなくなってしまいます。

そこで重要なのは、意識的に過去のスキル・能力に見切りをつけて、棄て去ることです。特に環境が大きく変わったときには、割り切りをおこなうことが重要です。環境が変わったのだから、全く異なるスキル・能力が必要だと、意識を切り替えることです。これは、過去に身につけたスキル・能力を全否定するものではありません。過去に身につけたスキル・能力は、巡り巡って役に立つ機会は十分にあります。しかし、環境変化を認識したタイミングでは、一度、棄て去ることで、学び直し（リスキル）を加速させるのです。この意識の切り替えが、「学びのアップデート」には非常に重要なポイントになります。

就労期間が長期化することが想定され、かつ、即戦力が求められる「ジョブ型」時代では、スキル・能力を俊敏にアップデートしていくことは、生き残りに必要な最重要行動原理です。そのためには、過去に身につけたスキル・能力や経験に頼るのではなく、必要に応じ棄却（アンラーニング）し、謙虚に学び直すことが大切です。「過去の栄光」にしがみついても、仕方ありません。時代や環境の変化に応じて、意識を切り替え、将来に向けて自分自身をアップデートする力こそが重要なのです。

持論を形成する力 ～脱正解主義 自分なりの判断で「未知の課題」に対応する

「ジョブ型」時代を生き抜くために、次に必要な行動原理は「持論を形成する力」です。

キャリアの階段をのぼっていくと、一定の階段以上は、高度な判断が求められるようになります。コーン・フェリーでは、個々の職務の価値を測定する職務評価という手法を持っています（図表４－２）。職務評価の評価軸の1つに、「思考の挑戦度」という評価軸があ

図表4-2 職務評価の評価軸

	8つの要素	評価の視点
ノウハウ	①実務的・専門的・科学的ノウハウ	そのポストには、**どれくらい広い×深い知識や経験**が必要か？
	②マネジリアル・ノウハウ	そのポストは、**どれくらい性質が異なる職務**をマネジするか？
	③対人関係のスキル	そのポストには、**どれくらいのコミュニケーションスキル**が必要か？
問題解決	④思考環境	そのポストが**思考すべきテーマの視点の高さ**はどれくらいか？
	⑤思考の挑戦度	そのポストが**思考すべきテーマの難易度**はどれくらいか？
達成責任	⑥行動の自由度	そのポストは、**どんなレベルの意思決定**ができるか？
	⑦職務規模	そのポストが**出すべき成果を金額で表すと**どれくらいか？
	⑧インパクト	また、その成果に対して**どんな関わり方・責任の負い方**をするか？

ります。これは、個々の職務の取り組む課題の革新性・新規性を評価するものですが、職務価値の高い職務は、概して高い革新性・新規性が求められます。ひらたく言うと、「未知の課題」に対応する機会が多くなります。「未知の課題」に対して、前例は役に立ちません。情報収集や状況の分析、解決策の立案とリスク評価などをおこない、最適解を導くことが必要になります。「未知の課題」に、必ずしも正解はありません。「おそらく正解だろう」という仮説を考え抜き、それを信じて実行することしかできません。正解だったかどうかの答え合わせは、後になってみないと分からないのです。

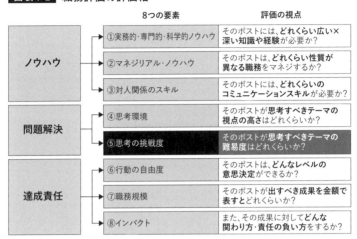

「未知の課題」に対応しようとすると、キャリアの前半期から「持論を形成する力」を鍛えておくことが重要です。前例をただ踏襲するのではなく、自分なりに分析や仮説を重ね、正しいと信じられる持論を持つ習慣をつけておく必要があるのです。「持論を形成する力」と言っても、独りよがりの持論であってはいけません。客観的な事実やロジックを積み上げて、「確からしい持論」を形成できる力が必要なのです。

「持論を形成する力」は、**自分なりの判断をおこなう力**です。「持論を形成する力」を身につけると、上司や同僚に振り回されることが少なくなります。上司や同僚からの要請・要望があったとしても、筋が悪いものであれば、反論・調整といったチャレンジができるようになるからです。このチャレンジの積み重ねが、「未知の課題」への対応力につながっていくのです。

自分の「持論」を持たない人は、周囲の意見に左右されます。特にポジションパワーには逆らえません。「未知の課題」は、誰にとっても正解がない課題です。当然、賛否両論が起こります。「持論」を持たない人は、周囲の意見に引きずられ、右往左往することになります。当然、「未知の課題」を解決まで導いていくことは難しくなります。そして、それ以上のキャリアの階段はのぼれなくなってしまうのです。

筆者はある企業で、次世代の経営幹部を選出するために、顕著な実績を上げている優秀な社員を数十人インタビューしたことがあります。同社の経営トップは、自社に対して真面目で素直な社員が多いとは感じていたものの、将来をリードするリーダー人材の枯渇に不安感を抱いていました。人事部によると、組織間の縦割り意識が高く、上意下達の組織風土があるようでした。実際にインタビューを進めると、優秀者が持つ共通点が見えてきました。それは、「（顧客・自社の視点から）方針や進め方を変えるべきだ」と考え、上層部や他部門を説得して変革をリードする経験を持っていたことです。ある人は顧客とのインターフェースを変え、ある人は技術開発のプロセスを変えていました。まさに、上司や他部門に対して、「持論」をぶつけて変革を推進していたのです。縦割り感の強い、上位下達的な組織風土のもとでは、多くの人は組織の論理に流されてしまいます。優秀者は、顧客や自社の視点からあらためて「持論」を練り、その「持論」に自信を持つからこそ、組織の壁を越えて変革を断行できていたのです。こうした分析をもとに同社では、このような「持論を形成できる力」を持つ人に、次代の経営のかじ取りを任せることになりました。

「持論を形成する力」を持つためには、私たちビジネスパーソンは**正解主義から脱却しなければなりません。**私も含め、多くのビジネスパーソンは、日本の学校教育の影響を色濃く受けています。端的に言うと、詰込み型教育と正解主義です。さまざまな知識を詰め込み、正解をひたすら求める教育が、かつての日本の教育でした。そのため、あらゆる課題には「正解がある」と無意識のうちに刷り込まれているのです。しかし、「未知の課題」は「正解のない」課題です。「未知の課題」は、その場で答え合わせができるものではありません。確からしい仮説を考え抜き、不安と戦いながら実行するしかないのです。正解主義に取りつかれてしまうと、不安が先に立ってしまい、実行に足が踏み出せなくなります。私たちビジネスパーソンは、学校教育と違い、ビジネスには「そもそも正解がない」ことを深く認識しなければならないのです。その不安を抑え込む仮説こそが、「持論」です。そして、正解だったかどうかは実行の結果であり、後からしか分からないのです。

正解主義から脱却し、「持論」を持つためには、他人に判断を委ねず、自分で考えて決める習慣をつけることが重要です。昨今、管理職研修などを行っていると、部下から「どうすればいいですか？」と正解を聞かれることが多いと悩む管理職が大勢います。若い人のなかには、正解に最短距離で進めることが最良であり、自分で試行錯誤をするのは時間の無駄と捉える人が増えているとも聞きます。しかし、このように正解を追い求めるような行動を続けていると「持論を形成する力」はつきません。

「持論を形成する力」を持つ人は、安易に正解を求めるのではなく、まず自分で考えます。前例や類似事例などの情報を求め、私案を作るのです。自分で判断できることであれば、その私案に基づき実行しますし、上司の承認・報告を必要とするのであれば私案をもとに上司に相談します。自分が起点となって、案を固めていくことで、「持論を形成する力」を養っていくのです。

「持論」には、**ロジックと当事者意識が必要**です。まず、「持論」には「確からしさ」が重要です。直感のみに頼った「持論」は、持論ではなく博打です。事実をもとに、理由や根拠を明らかにして、ロジックを組み立てることで、持論の「確からしさ」は増すのです。企業における課題対応は、さまざまな社員の協力を要します。皆の理解・協力を得るためには、ロジックによる裏づけが必要なのです。「持論」には、論理的思考力が必要なのです。

また、いかにロジックが通っていても、当事者意識がない提案をしていると、単なる「批評家」になってしまいます。当事者意識とは、端的に言うと「自分がどうしたいか?」

です。自分は結局どうしたいのか、周囲を説得するのには何が足りないのか、どうすれば自分の考えが伝わるのか、などを繰り返し考えることで、自分の熱量を高めていくことができます。ロジックだけでは、組織やヒトを動かすことはできません。周囲を動かすのは、本人の熱量なのです。その点で、当事者意識も非常に重要な要素と言えます。

キャリアの階段をのぼっていくと、より高次な課題解決が求められます。そのためには、キャリアの前半期から「持論」を持つことが重要です。そのことを念頭に、持論形成力を磨いていくことを意識してみるといいでしょう。

適切に主張する力
～相互尊重的（アサーティブ）なコミュニケーション

相手も尊重したうえで、誠実・率直・対等に自分の要望や意見を相手に伝える

「ジョブ型」時代を生き残っていくためには、自己主張が何といっても大切です。すでに

何度か述べてきたように、会社が個々人のキャリアを考えてくれて、会社に任せていれば誰でもキャリアの階段をのぼれる時代は終わりました。自分でスキル・能力を主体的に身につけ、機会があれば手を挙げて経験を積み上げていかねばならないのです。黙っていても、上司や周囲が意図を汲んでくれて、機会は与えられるといった都合の良いシンデレラストーリーは期待するべきではありません。自ら自己開発を続け、自分の希望や能力を周囲に伝え、機会をつかみ取る前向きさが求められるのです。そのためには、「伝え方」でもあるコミュニケーションについても、押さえる必要があります。ただしそこでは、思うままに主張すればいいというものではないことに注意が必要です。

コミュニケーションを分類すると、①攻撃的（アグレッシブ）、②受動的（パッシブ）、③相互尊重的（アサーティブ）に分かれます。

攻撃的なコミュニケーションとは、自分の主張を通そうとして周囲を攻撃してしまうコミュニケーションです。希望通りの職務につけないときに、「なんで自分に任せてくれないのか」「あいつに任せるのはおかしい」といった他者を攻撃するようなコミュニケーションを指します。攻撃的なコミュニケーションは、短期的には自分の望み通りに物事が進められるかも知れませんが、中長期的に良い関係を維持できません。相手との距離ができてしまったり、自分も後味が悪くなったりしがちです。周囲から好意的に受け止められることは、仕事の機会を得るためにはとても重要です。攻撃的なコミュニケーションは、長期的には自分のキャリアにとってリスクであることを強く認識する必要があります。

受動的なコミュニケーションとは、相手にコミュニケーションの主導権を渡してしまうことです。いわゆる「待ち」のコミュニケーションです。周囲から嫌われませんが、自分の意思は周囲に伝わることはありません。「ジョブ型」時代は、いかに良質な経験を積むかによって、キャリアの成否が分かれていきます。自分の納得するキャリアを歩むためには、自分の意思に沿った経験を積むことです。周囲に自分の意思が伝わらないと、自分の望む経験は蓄積できず、不本意なキャリアになりかねません。自分のキャリアの主人公は自分です。他者にコミュニケーションの主導権を渡してしまうということは、自分のキャリアを他人に預けるようなものです。ときとして、自分の意思を押し通すことが自分らしいキャリアを歩むためには重要なのです。

攻撃的ではなく、受動的でもない第3のコミュニケーションが相互尊重的（アサーティブ）なコミュニケーションです（図表4‐3）。

相互尊重的なコミュニケーションとは、**「相手も尊重したうえで、誠実・率直・対等に**

図表4-3　アサーティブなコミュニケーション

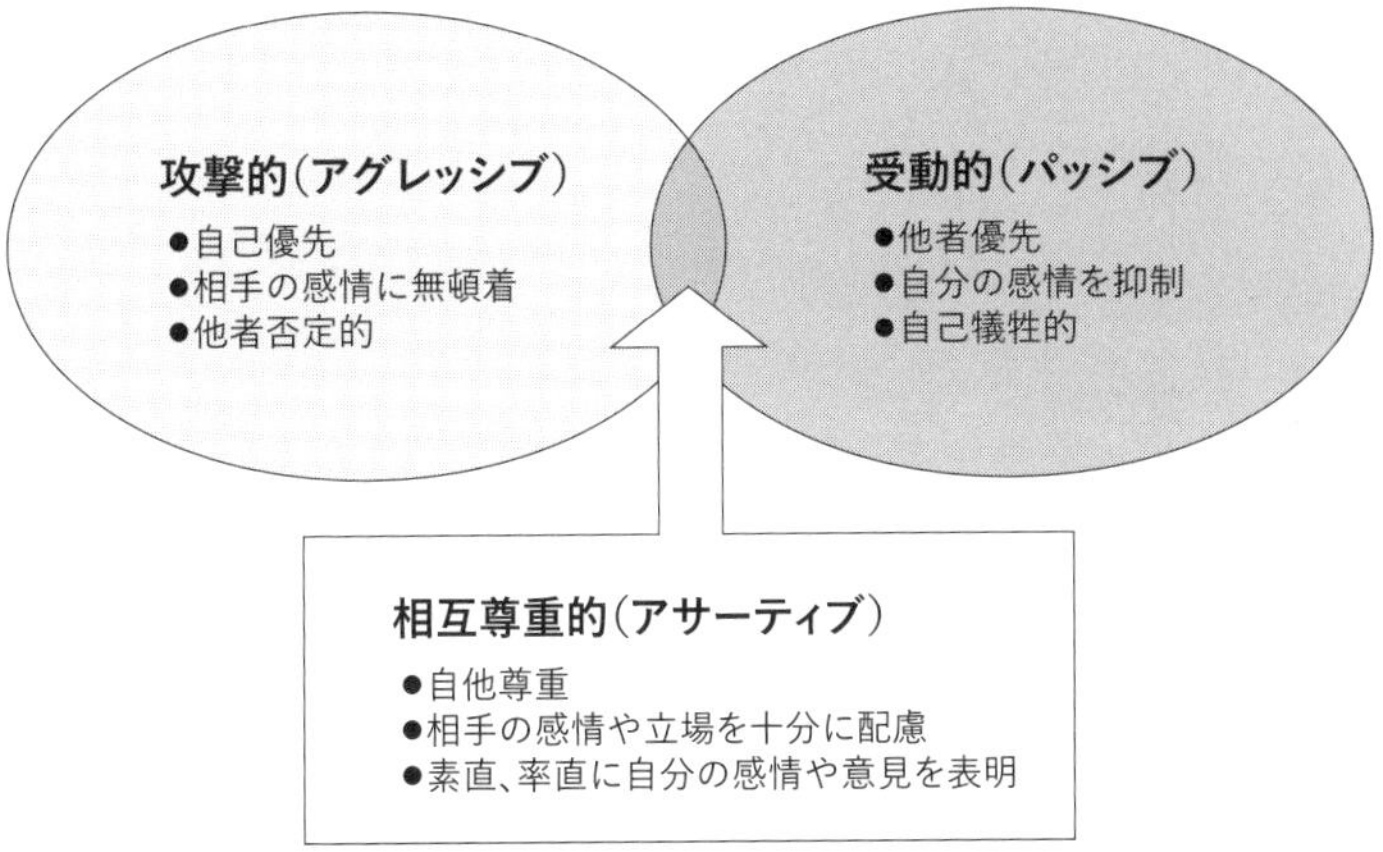

自分の要望や意見を相手に伝えるコミュニケーション」です。攻撃的あるいは受動的コミュニケーションはWin-Loseのコミュニケーションですが、相互尊重的なコミュニケーションはWin-Winを目指すコミュニケーションと言えます。

分かりやすい例を1つ挙げてみましょう。自分が手一杯のときに、負荷の大きな仕事を上司から指示されたとしましょう。攻撃的なコミュニケーションは、「無理に決まっているじゃないですか！」「いい加減にしてください！」といった感情的な反応によるものです。受動的なコミュニケーションは、感情を押し殺し

「分かりました」と言って、黙って引き受けることです。攻撃的だと関係は悪化するリスクがありますし、受動的だと自分がパンクするリスクがあります。相互尊重的なコミュニケーションは、相手の立場を尊重しつつ、率直に意見を伝えることです。「今週は、他の仕事で実際に手一杯です。ただ、部内が大変な状況であることも理解しています。期限を来週まで延ばしていただくか、部分的なサポートで良いなら十分対応可能ですが、どうしましょうか？」といった対応をすることです。相手の立場を配慮しながら、丁寧に率直な意見を述べ、現実的な着地点を話し合うことこそ、相互尊重的なコミュニケーションなのです。

相互尊重的なコミュニケーションには、次の3つのポイントがあります。

①傾聴を心がける
②率直かつ柔らかい表現で自身の主張を伝える
③断るときは代替案を提示する

相互尊重は、相手を受け容れることからスタートします。まず、**相手の要望や背景をじ**

つくりと傾聴することが必要です。相互尊重的における厳禁事項は、脊髄反射的な拒否です。「でも」「違います」「できません」と即座に相手を否定することはやめましょう。このような脊髄反射的な拒否は相手に壁を感じさせ、攻撃的と捉えられることもあります。自らの意向と異なっても、いったんは、相手の意見をひと通り受け止める意識を持つことが大切です。

その上で、**自分の意見や要望を率直に伝える**ようにしましょう。自分が「賛成」なのか、「反対」なのか、自らのスタンスを明らかにして、丁寧に伝えることです。特に相手の意向に反するときは、率直に伝えることには勇気がいります。しかし、相手の感情を刺激しないように注意を払いながら、自分の意図をきちんと伝えることが大切です。

婉曲表現を使うと、直接的にはカドが立ちませんが、自分の意図が伝わりづらくなります。強い表現で相手を傷つけないようにしつつ、自分の主張をきちんと伝えることが必要なのです。相互尊重的なコミュニケーションがうまい人は、「正直に申し上げると」「率直に言うと」といった枕詞《まくらことば》をつけたうえで、ズバっと主張を伝えるものです。枕詞をつけると、ある程度、率直な物言いをしても、失礼とは捉えられにくくなるので、覚えておいて損はありません。

相互尊重的なコミュニケーションを心がけるうえで重要なことは、事実と感情を切り離して、事実部分をきちんと伝えることです。コミュニケーションには、理と情があります。情のコミュニケーションは増幅効果があります。良い感情も悪い感情も伝播し、増幅するのです。相互尊重的なコミュニケーションを要する場面は、相手の提案をそのまま受け入れられないことが多くあります。率直に伝えるといっても、負の感情を率直に伝えるのでは、話し合いになりません。相手から増幅した負の感情がぶつけられ、関係は悪化します。感情はさておき、事実を切り出して、率直に伝えることが重要なのです。

最後に、押さえておきたいのは、**「断るときには代替案」**です。相互尊重のベースは、相手の立場の尊重です。要望・要請があるということは、相手側にも必ず事情があります。要望・要請をむげに断ってしまうと、相手は問題を解決できずに抱え続けることになります。相手の要望・要請をある程度は受け容れつつも、現実的に実行可能な代替案を一緒に考えることが重要です。これは、相手と接する構図を転換することでもあります。要望・要請を受ける／受けないという構図は「対立の構図」です。対立の構図においては、常に勝者と敗者が出るため、長期的に良い関係は築けません。いくら丁寧な物言いで、然るべき事情があったとしても、毎回断られ続けたら、相手は良い感情を抱かないでしょう。自

図表4-4　構図の転換

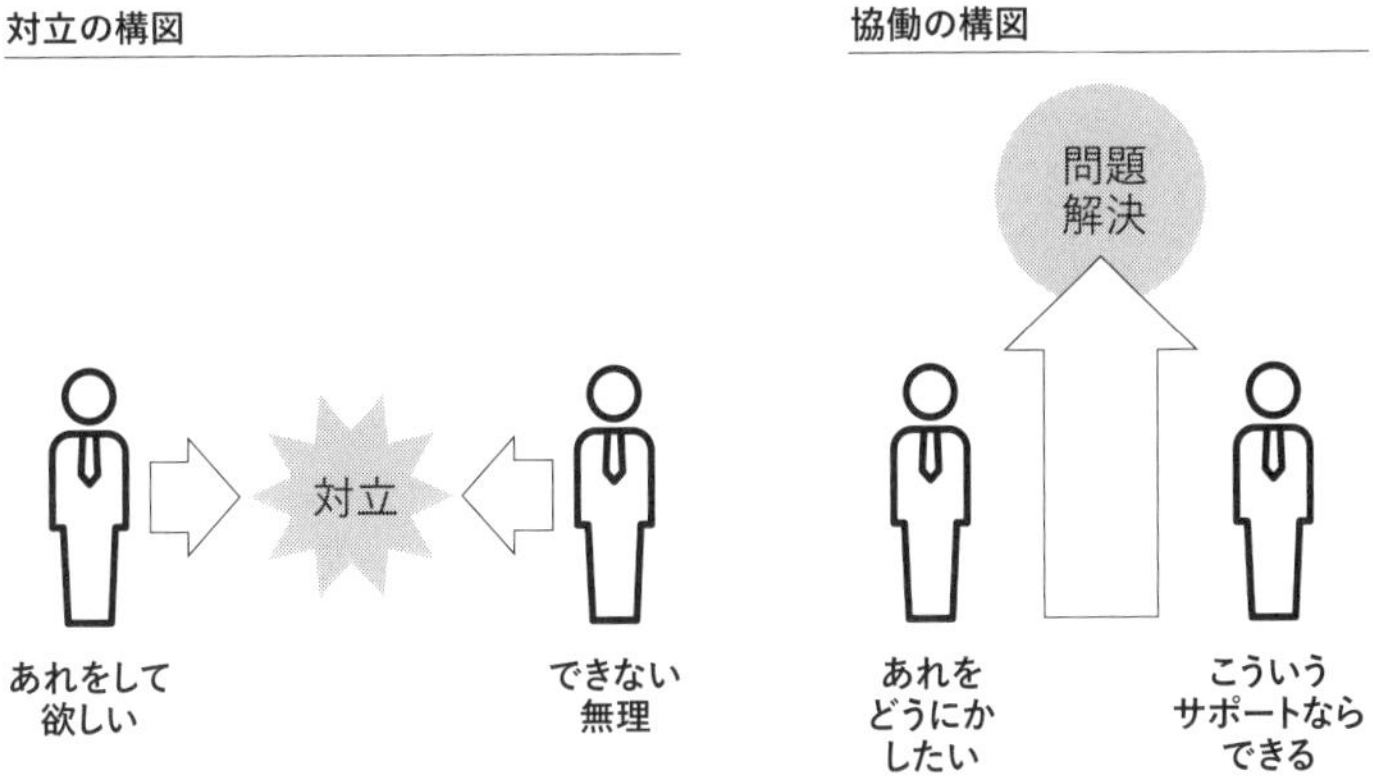
対立の構図
対立
あれをして欲しい
できない無理
協働の構図
問題解決
あれをどうにかしたい
こういうサポートならできる

らも譲歩して、問題解決を目指していく構図は「協働の構図」です。協働の構図は、勝者も敗者も出ません。将来の問題解決に目を向け、お互いに協働するパートナーの関係になるのです。協働の構図は、相互に信頼関係をもたらします。相手の要望・要請に対して、満点回答でなくとも、代替案を提示していくことで、構図を転換し長期的に良好な関係を維持することができるのです（図表4-4）。

少し注意を要するのは、私たち日本人は文化的に正面切って自己主張をすることが苦手ということです。1970年代にオランダの心理学者ヘールト・ホフステードがおこなった調査では、「部下が上役に対して反応するときに感じる心理的な抵抗度合い（権力格差指標）」を測定しており、日本は権力格差指標が大きい国であることが示されています。簡単に言うと、「上司にモノを言いにくい」文化ということです。また、日本は価値観や感覚といったコンテクスト（文脈）に大きく依存するハイコンテクストの文化です。欧米は言語でハッキリと表現することが好まれるローコンテクスト文化です。日本では阿吽《あうん》の呼吸や空気を読むことが求められるのも、ハイコンテクスト文化の表れの1つです。もちろん、人によってその程度は違いますが、海外の人に比べると概して自己主張が苦手ということは多くの人が納得するところでしょう。苦手だからこそ、普段から意識して自己主張をすることが必要なのです。

筆者は仕事柄、さまざまなビジネスパーソンのキャリアを聞く機会が多いのですが、自己主張を避け、我慢を重ねる日本人ビジネスパーソンの多さには驚かされます。典型的な例は、長年にわたり我慢を重ね、玉砕覚悟で希望をぶつけ、それが叶わずに転職するというキャリアです。「上司にモノを言いにくい」文化のなかで、モノを言わずに我慢を重ねていると、自分のなかでストレスや願望は増幅します。これは、自分の感情に無理やり蓋をしているようなものです。我慢できないところまで感情が溜まると、堰を切ったように感情が爆発します。しかし、上司も組織の運営者としての立場があります。部下の希望は理解できても、できることには限界があります。本人は一度こぶしを振り上げると、こぶしの振りおろし先がなくなり、転職のような極端な選択肢につながってしまうのです。本来は、長く在籍する会社のほうが、周囲も能力・実績が分かっているため、希望の職務につけるよう調整がしやすいものです。しかし、上司や周囲に自分の意思を伝えることを躊躇して不満をため込んでいると、望まぬキャリアになりかねません。自己主張に対する苦手意識があっても、それを自分のなかに溜め込まず、意識して上司や周囲に伝えることが重要なのです。

「ジョブ型」時代は、待っていても機会は訪れません。かといって、感情に任せて攻撃的なコミュニケーションをとると、周囲から人や機会を遠ざけてしまいます。周囲に配慮しながら相互尊重的な自己主張をおこなうことが、自分らしいキャリアを歩むために必要な行動原則と言えるでしょう。

楽観性 ～物事を前向きに捉える力
「何とかなるだろう」と割り切った考えをする

次に「ジョブ型時代」を生き抜く行動原理として、楽観性について取り上げます。楽観性とは、**物事を前向きに捉える力**です。キャリアが長期にわたり、かつ即戦力が求められる「ジョブ型」時代では、自分の力ではどうにもならない事態が襲ってくるリスクがあります。自分の従事する事業・職務がなくなるリスクは常にあり、大きな方向転換を余儀なくされることもあるでしょう。また、介護や育児などによる環境変化、転勤や上司・同僚の配置変更など、長いキャリアのなかで、大小さまざまな変化が訪れます。その都度、自らの状況に悲嘆に暮れているようでは、前に進むことはできません。現実を直視しつつ、将来を見据えて前向きに行動する「楽観性」が重要なのです。

コーン・フェリーではさまざまなエグゼクティブのアセスメントをおこなっていますが、キャリアの階段をのぼっていく人は、必ずしも順調にキャリアを歩んできた人だけではありません。会社のメインストリームとは異なる事業への配属、上司と折り合いが悪いために生じた出世の遅れ、慣れない海外での組織運営など、キャリアの壁にぶつかりながら乗り越えている人も数多くいます。もちろん、困難な状況を切り開くには、さまざまな力が必要なのですが、多くの人に共通するのは、根底に「楽観性」があることです。「何とかなるだろう」「失敗しても、それですべてが終わりというわけじゃない」「せっかくなので思い切ってやってみよう」と、どこか割り切った考えをしている人が多いのです。

ポジティブ心理学の提唱者であるアメリカの心理学者マーティン・セリグマンの研究では、**楽観主義者の方が悲観主義者よりもキャリアの成功確率が高い**ことが分かっています。例えば、営業の世界では、「断られてから営業は始まる」という格言がありますが、これを実行できるのは楽観主義者です。人は拒絶や否定をされると、「やっても無駄」という諦めの感情を学習します。悲観主義者は、いち早く諦めの感情を学習してしまい、心が折れてしまうのです。しかし、楽観主義者は、断られてもめげずに営業を続けることができるのです。

では、悲観主義者と楽観主義者の違いはどこにあるのでしょうか。それは、事実の捉え方に違いがあります。先ほどの営業の例でいうと、「顧客から断られる」という事実は変わりません。違うのは、本人の捉え方です。悲観主義者は、悪い状態は長く続き、自分にすべての責任があると思い込む特徴があります。一方で、楽観主義者は正反対の捉え方をします。失敗は一時的なものであり、自分だけが原因となっているのではなく、運不運や顧客との相性、状況やタイミングなどさまざまな要因でもたらされていると捉えます。事実の捉え方によって、悲観主義か楽観主義かが変わってくるのです。

悲観主義でいると、失敗を恐れ、キャリアに対する前進意欲を失います。悲観的な将来イメージが膨らみ、自分の責任を責め、次の自分の取る行動に萎縮してしまうからです。「全部自分のせいだ」「この失敗がおさまらなかったらどうしよう」という不安で心が占められ、問題を自分のなかに抱え込んでしまいがちです。

一方、楽観主義でいると、**将来の問題解決に意識を振り向けることができます**。「どうすればクレームがおさまるだろうか」「何とかリカバリーできないだろうか」という考えを持ち、上手く過去に決別をしながら、切り替えていくことができるのです。発明王トーマス・エジソンは試行錯誤の結果でさまざまな偉大な発明をしましたが、「私は失敗したのではない。上手くいかない1万通りの方法を発見したのだ」という有名な言葉を残しています。事象を前向きに捉える楽観性こそが、次の挑戦への一歩につながるのです（図表4-5）。

悲観主義の気質がある人は、自分の認識を意識的に切り替えることが有効です。悪いこ

図表4-5 楽観主義と悲観主義の捉え方

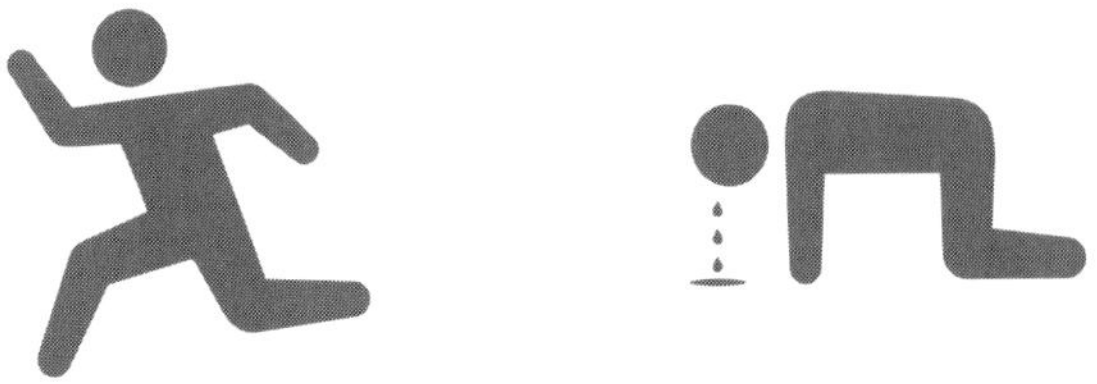

楽観主義

悪い事態は**一時的**なこと
自分以外にも失敗の原因はある

悲観主義

悪い事態は**永続的**に続く
自分が全ての失敗の原因がある

とは短期的であること、自分以外にも問題の原因はあること、過去を悔やむことよりも問題解決に向けて行動を起こすこと、に意識を切り替えていくことに気をつけるといいでしょう。

楽観主義を心がけることは重要ですが、これは悲観主義を完全に否定するものではありません。楽観主義は物事のポジティブな面に目を向けますが、悲観主義はリスクに目を向けます。ポジティブに捉えることがキャリアを前に進めるという点では大切ですが、悲観主義によるリスク認識を完全に捨ててはいけません。「何とかなるさ」だけでは、世の中を渡っていくことはできないのです。

京セラの創業者である稲盛和夫氏は、楽観的に構想し、悲観的に計画し、楽観的に実行することをフィロソフィーとして掲げています。稲盛氏は次のように説きます。「新しいことを成し遂げるときには、夢と希望をもって超楽観的に目標を設定することが大切です。『必ずできる』と自分に言い聞かせ、自らを奮い立たせます。しかし、計画時には『やり遂げる』という強い意志を持って、あらゆる対応策を慎重に考え尽くさねばなりません。実行段階では、『必ずできる』という自信をもって、楽観的に明るく堂々と実行していくのです」。概ね楽観的でありつつも、悲観的な物事の捉え方を持っていることが重要なのです。

楽観的でいるということは、雇用主とのパワーバランスという点でも重要です。キャリアについて楽観的でいるとは、「辞めてもどうにかなるだろう」と捉えたり、将来に向けて能力開発につとめたりすることです。一方で、キャリア上で悲観的でいると、「辞めると行き場所がなくなってしまう」と捉えたり、将来のキャリアに夢や希望を持たなかったりすることです。楽観的でいると、思い切った提案もしやすくなります。一方で、悲観的でいると、会社や上司に意見をしにくくなります。このスタンスの違いは、キャリアの成否にも大きく関わります。

雇用され続ける力として、エンプロイアビリティという言葉がありますが、市場から必要とされる力を持つことが楽観性にもつながります。逆に、社内でしか通用しない能力・スキルしかなければ、楽観性を持ちにくくなります。「ここに居るしかない」という考えがキャリアの選択肢を狭めていくのです。

キャリアで行き詰まりを感じているときには、あえて楽観的に捉えようとする意識が重要です。気がついたら、視野が極端に狭まっていることもあるので、家族や友人、信頼できるメンターに相談して、心を楽観的に立て直す努力をしてみるのも有効です。また、世の中から求められるスキル・能力を身につけることもいいでしょう。資格や語学、思考法や仕事術といったものでもいいし、次のステップに必要なスキル・能力でも構いません。自分のスキル・能力が向上していくと、視野を広げ、視座を高めることができます。世界を広く感じると、楽観的に捉えられるものです。

楽観性を身につけるうえで、もう1つ注意したいのが完璧主義です。物事に完璧を求めると、粗い部分が目につき、楽観的に捉えにくくなります。「本当は〇〇すべきなのに」と自分を責めてしまうと、楽観的には到底なれません。「〇〇すべき」という「べき論」に思考が支配されてしまうと、視野が狭まります。「優秀な大学を出たのだから、失敗は許されない」「経験があるのだから、後進の手本にならねばならない」といった考えは、成功への執着心を高める一方で、完璧を自らに課し、楽観的に捉えられなくなるのです。

特に人は新たな役割を任されたとき、理想通りの自分を描き、「べき論」に陥りがちです。昇進や転職をしたときは、仕事上で完璧であろうとする人が多く出てきます。プライベートでも結婚・出産などでは、良き家庭人とビジネスパーソンの両立で完璧であろうとする人が多く出てきます。「べき論」通りにやり遂げられる人であればいいですが、そういうケースばかりではありません。理想と現実のギャップに苦しんだり、すべてを完璧にこなそうとして失敗したりする人が後を絶ちません。

キャリアの中盤期以降はライフイベントが増え、さまざまな欲求や要望が出てきます。仕事上ではミス無く完璧にこなしたい、家庭内で育児・教育に力を注ぎたい、健康に気を配りたい、親の介護などに対処しなければならない、などといったことが起きます。自分の時間や体力には限度があります。要素が増えてきたら、すべてを完璧におこなおうとするとパンクします。どこかで、すべてを完璧におこなうことは諦め、取捨選択をおこない、上手く手を抜くことも重要です。これは、**「完璧にこなせなくても、何とかなるだろう」**と捉える楽観性でもあります。

筆者は、ランディ・ザッカーバーグが唱える「ピックスリー」という考えを推奨します。「ピックスリー」とは、「仕事」「睡眠」「家族」「運動」「友人」の5つのカテゴリーから、その日に注力するものを3つだけ選び、それに集中する方法です。すべての要素を完璧にこなそうとすると、「できなかったこと」に意識がいってしまいます。逆に、集中すべきことを絞り込むと、「できたこと」への意識ができるようになります。そして、その日その日に集中すべきことを絞り込むことで、長期的にはバランスの取れた幸せなキャリアやライフプランの実現につながるという考え方です。

これは、何も「仕事」「睡眠」「家族」「運動」「友人」のカテゴリーにこだわる必要はありません。「趣味」「勉強」「食事」などを加えてもいいでしょう。自分が人生のなかで重視する要素や役割をリストアップし、集中すべきものを選ぶことに意味があります。「ピックスリー」とは「自己選択」なのです。

私たちは、日々、さまざまな選択を迫られています。例えば、「仕事」を選択し、長時間の残業をすると、家族や睡眠、運動などに費やす時間が少なくなります。それを自分で選択しているのであれば、自分らしいライフプランやキャリアと言えるかもしれません。しかし、会社の要請に応じるまま、無意識のうちに「仕事」を選択していることも往々にしてあります。結果として、家族と距離ができてしまい、思い描くライフプランと異なる人生になっている人も多くいます。また、「べき論」を追求するあまり、仕事にストイックになり過ぎる人や、家事・育児・介護などに全力を使ってしまい、疲労しきっている人も多くいます。そもそも、「べき論」は、自分の理想像であり、複数の要素の組み合わせを考慮したものではありません。「べき論」を貫いていると、どこかに無理が出てきます。そして、自分の理想を脇において、完璧であることを諦めるのも、ときとして大切です。自己選択を続け、何を選択し、何を諦めるかを自分の意志で決めていくことが重要なのです。自己選択を続けていると、完璧ではなくとも、概ね自分の意志に沿ったライフプランやキャリアに近づけることが可能になるのです。

筆者は、人生も仕事も楽しんだもの勝ちだと考えています。将来に希望を見出す、現在、取り組んでいることに楽しみを見出す、世の中は広いので何とかなる、完璧ではなくても大丈夫、といった楽観的な気持ちをどこかで持つことが、「ジョブ型」時代を生き残る秘訣の1つと言えるでしょう。

ジョブ型だからこそ意識したいチームワーク
周囲と上手く協働する人の方が、キャリアを成功させる確率が高まる

「ジョブ型」にシフトすると、チームワークが損なわれるのではないか、という意見を聞くことがあります。「ジョブ型」では、個々の職務（ジョブ）が定められるため、自分の職務（ジョブ）以外に協力する動機が起きにくいというのがその論拠です。確かに、そのような側面がないわけではありません。しかし、個々のキャリアの観点からすると、「ジョブ型」だからこそ、チームワークは重視すべき。本章の最後に、そのことについて詳しく述べたいと思います。

チームワークには、業務としてのチームワークと精神的なつながりとしてのチームワークがあります。そのため、いっしょくたにチームワークについて論じると分かりにくくなるので、順番に解説をしていきます。

まず、業務としてのチームワークについて取り上げます。「ジョブ型」では、各人に

個々の職務（ジョブ）を割り振ることになります。当然、個々の職務（ジョブ）を各人にやり切ってもらうことが大前提です。ここで、押さえておきたいのは、「ジョブ型では、職務記述書（ジョブディスクリプション）に書いていないことはやらない」という誤解です。職務記述書とは、職務内容について会社（上司）と社員が合意した文書です。職務記述書に記載される内容は、主要な職責が中心であり、必ずしもすべての業務が網羅されるものではありません。ある程度の解釈の余地を持つものと理解しておくといいでしょう。そもそも、職務記述書とは、ある程度、抽象度の高い表現にならざるを得ず、**上司と部下の間で認識合わせをしながらおこなうものであり、「書いてあることしかやらない」というのは、まったくの誤り**です。

業務としてのチームワークについては、2種類のチームワークがあります。職務遂行上で求められる業務連携などのチームワークと職務間の空白地帯で誰が担うか不明瞭な業務を拾うチームワークです。

前者の業務連携のチームワークは、職務（ジョブ）によって求められる程度はだいぶ変わります。他職務との協働が密接に求められる職務もあれば、そうではない職務もあります。営業と商品開発が協働で販売促進を進める、製造と開発が量産可能な製品を開発する、お客様センターが各部門にフィードバックする、などといった業務連携は個々の職務の職務期待に織り込まれているものです。組織において、職務が個々に完結することはほとんどありません。ビジネスプロセスは、ひとつひとつの職務がつながって成り立ちます。「ジョブ型」において、前工程・後工程など、関連する職務（ジョブ）と連携するのは仕事のうちです。むしろ、必要な協働・連携をできないのであれば、満足に職務（ジョブ）を果たせないと周囲から判断されかねません。職務に求められる業務連携はキッチリとおこなうことが、「ジョブ型」では欠かせないのです。

後者の職務間の空白地帯をフォローするチームワークは悩ましいところです。「ジョブ型」は個々の職務範囲を明らかにしますが、ひとつひとつの細かな業務を規定するものではありません。しかし、職場には、日常的に新たな業務が発生します。そのなかには、誰に分担するか曖昧なものも出てきます。会議の調整役や議事録作成などの些末なものもあれば、協働案件のリード役や部門間調整などの重たいものもあるでしょう。また、組織運営上は、個々の職務（ジョブ）とは直接関係ないものも出てきます。職場の整理整頓、歓送迎会などのイベントの幹事、新人のフォローアップ、ノウハウ共有、職場の安全管理など、挙げるときりがありません。

「ジョブ型」においては、職務間の空白地帯のフォローは、時と状況によります。「ジョブ型」は、あくまでも課せられた職務（ジョブ）優先です。自分の本業である職務（ジョブ）が満足に果たせないなかで、周囲へのフォローを優先させて自分の職務（ジョブ）を全うできないと、職務不適格とされかねません。一方で、組織においてすべての職務はつながっています。明確に自分の職務（ジョブ）に関連していないからといって、逃げ回っていると周囲から不興を買ってしまいます。周囲から不興を買ってしまうと、スムーズな仕事の連携は難しくなり、なかなか成果を上げることはできません。また、逃げ回ってばかりの人に良質な機会を提供する人もいません。**本業である職務（ジョブ）を果たしつつ、周囲のフォローも進んでおこなうくらいの心持ちが重要**なのです。

「ジョブ型」におけるチームワークは本業優先であり、そこが従来の日本企業のチームワークとの違いと言えます。従来の日本企業は、職場が1つの共同体であり、個々の職務（ジョブ）の概念が曖昧でした。「誰かが困っていたら、仕事を手伝ってやれ」という考え方であり、無限定の相互協力が求められたのです。日本企業は「メンバーシップ型」とされますが、組織の一員として組織に貢献することが求められてきました。相互協力が当たり前なので、協力しないと「ひどい奴だ」となるのです。それに対して、「ジョブ型」は市場取引です。職務（ジョブ）の貢献価値によって、処遇が決まっています。職務を全うすることが、会社との約束事項なので、周囲へのフォローは職務（ジョブ）の完遂の妨げにならない範囲でおこなわねばならないのです。

「ジョブ型」において、業務上のチームワークに制約があることは事実です。しかし、それは精神的なつながりであるチームワークまでも、一概に損なわれることを意味しているわけではありません。

精神的なつながりであるチームワークとは、チームへの誇りや相互信頼などです。コーン・フェリーの調査では、組織風土はその組織を率いるリーダーのリーダーシップにより、8割の影響を受けることが分かっています。組織のリーダーが、普段からチームやメンバーを信頼し、チームの成果を称え、相互協力を促してこそ、精神的なつながりであるチームワークは生まれてくるのです。

プロのサッカーや野球のチームを考えてみると分かりやすいかも知れません。個々の選手は、あくまでも自分の技量向上や健康管理が最優先です。そのうえで、チーム練習などを通して、相互連携をおこないます。各自がプロとして自分のポジション（ジョブ）を全うできるよう努力することが最優先です。だからといって、チームワークが損なわれているわけではありません。監督やキャプテンのリーダーシップによって、チームの求心力は大きく変わります。「ジョブ型」は、**優先順位を明らかにしますが、精神的なつながりであるチームワークまでもが一概に損なわれるわけではない**のです。

海外企業や外資系企業でも同じです。「ジョブ型」が当たり前に適用されていますが、チームワークが無いということはまったくありません。当然のように、エリア間・機能間・社員間で相互に連携し合って事業を進めています。コロナ禍の前は、米マイクロソフトなどでは、毎年、ある都市に全社員を集めて大規模な集会やイベントをおこなっていました。これは、会社に対する誇りや機能・地域を横断したつながりを期待したものでもあります。また、オフィスを離れたチームビルディングなども活発に行う企業も多いのです。このような投資をおこなうのは、「ジョブ型」であっても相互協力・相互信頼やチームへの求心力が持つ力を海外企業や外資系企業が重視しているからです。「ジョブ型」にチームワークは不要ということはまったくないのです。

ここまで、「ジョブ型」におけるチームワークについて、解説をしてきました。本書は、ビジネスパーソンのキャリア戦略をテーマにしていますが、キャリアの観点からもチームワークを考察してみたいと思います。結論から言うと、キャリアを成功に導くうえでは、チームワークはきわめて重要と言えます。個人のキャリア形成という観点からは、本業優先という原則を持ちながら、周囲のサポートに積極的に取り組むことがいいでしょう。また、精神的なつながりという点でも、同僚やチームに対して、信頼や一体感を持つように努めることをお勧めします。

その理由は、単純です。**周囲と上手く協働する人の方が、キャリアを成功する確率が高まる**からです。ヒトには、返報性という性質が備わっています。他者から受けた好意は、「お返し」したいという心理が湧くのです。他者に積極的に貢献している人は、ピンチが訪れたときに、周囲から「助けてあげたい」という支援が集まります。周囲のサポートを積極的におこなっている人の上司は、良い機会を与えたくなります。一方で、他者への支援を断り続けている人には、困ったときに助けてくれる人は出てきません。これでは、いざ困難な課題にぶつかったときに、キャリアの階段をのぼれなくなってしまいます。

しかし、周囲の協力要請に対して、無条件に応え続けることもお勧めできません。あくまでも、本業優先で状況を見ておこなうべきです。心理学者のアダム・グラントが提唱したギバー・テイカー・マッチャーという考え方は非常に参考になります。グラントによる人材の分け方は次の通りです。

ギバー　：惜しみなく与える人
テイカー　：相手から奪う人
マッチャー：損得のバランスを考え、ギブ&テイクをおこなう人

みなさんの職場でも、周囲への協力を惜しまないギバー、周囲から情報・協力を一方的に求めるテイカー、損得を考えながら動くマッチャーを思い浮かべることができるでしょう。調査によると、キャリアで長期的に成功をおさめるのはギバーでした。長期的に周囲と良好な関係を築き、良き機会に巡り合う確率も高く、キャリアの成功を掴みやすいのです。しかし、ギバーのなかにも、キャリアの低空飛行を続け成功に結びつかない人も多く存在することが分かりました。失敗するギバーは、自分の本業よりも周囲への貢献を優先してしまう「自己犠牲型ギバー」です。テイカーに搾取される人も多く、職場の「いい人」になりがちです。残念ながら、テイカーを完全に職場から消し去ることはできません。「手柄を横取りする人」「協力の要請ばかり一方的にする人」などは、どこの職場でも必ず出てきます。テイカーの求めに応じて、無制限に協力し続けることは、自分のキャリアを犠牲にするのと同じです。そこで、テイカーとの関係性を変えることが重要なのです。成

図表4-6 職場の人材

人材タイプ

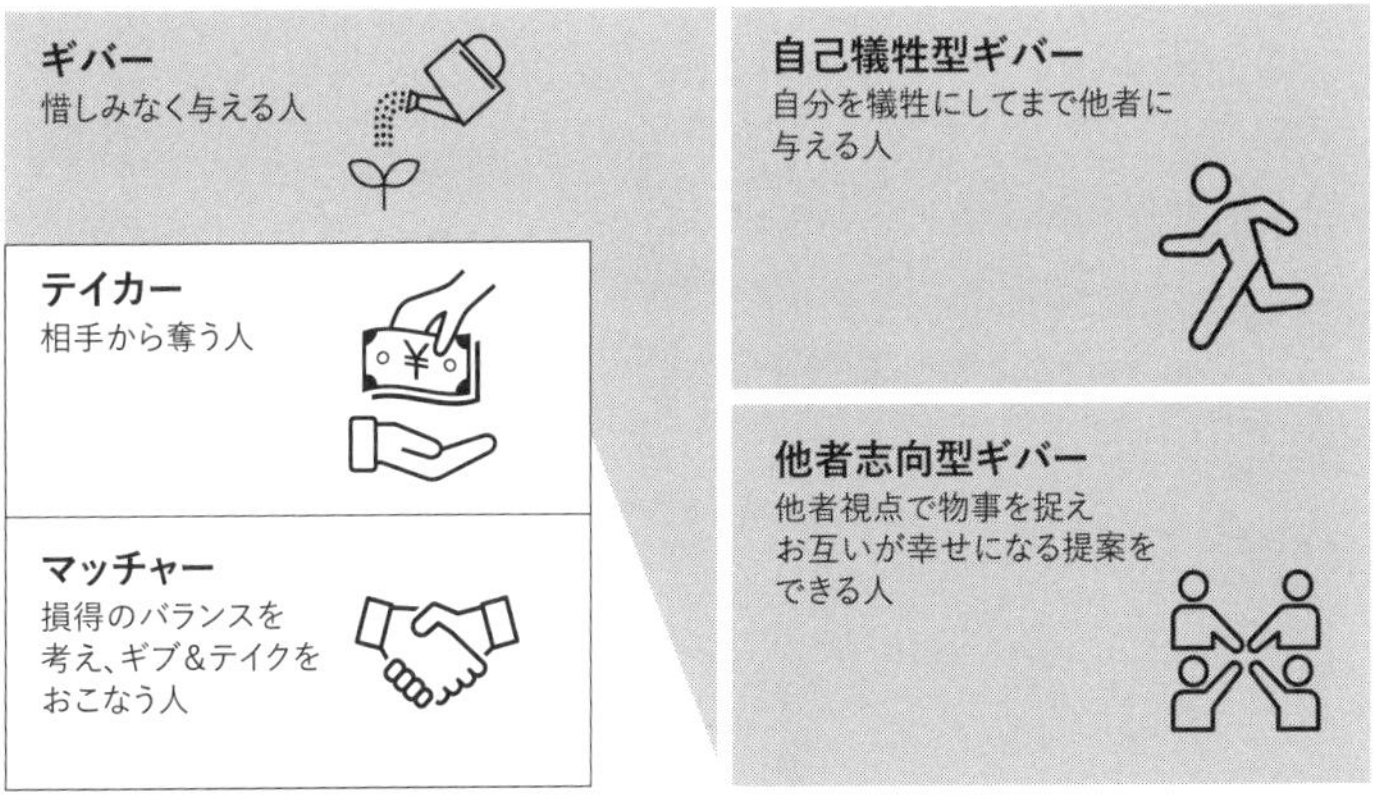
ギバー
惜しみなく与える人
テイカー
相手から奪う人
マッチャー
損得のバランスを
考え、ギブ&テイクを
おこなう人
自己犠牲型ギバー
自分を犠牲にしてまで他者に
与える人
他者志向型ギバー
他者視点で物事を捉え
お互いが幸せになる提案を
できる人

功するギバーは、「他者志向型ギバー」とされます。他者の視点で物事を捉え、お互いが幸せになる提案をするギバーです。このタイプは他者への貢献は重要と考えつつも、自己の成果達成も同様に重要と考えます。基本的にはギバーとして周囲に与え続けますが、相手がテイカーの場合は自分の関わり方をマッチャーにスイッチします。これにより、誰に与えるべきか、誰と関わるべきかを選択するのです。相手を見ながら、したたかに他者と関わるチームワークが重要なのです(図表4-6)。

　精神的なつながりにおいても、ポジティブな感情を同僚やチームに持つことがいいでしょう。ヒトの間では感情は伝播します。ポジティブな感情を持つと、周囲からポジティブな感情が返ってきます。逆もしかりです。上司やチームの不満ばかりを言っている人は、周囲からネガティブな感情を抱かれます。本書では何度も出てきていますが、周囲から好意を持たれ、良い評判を保つことはキャリア上、非常に重要です。ポジティブな感情を持つためには、悪い点に目を向けるのではなく、良い点に目を向けることです。あえて、良い点を探すことに挑戦してみることです。それも難しい場合には、できるだけ距離を取ったり、ネガティブな感情を表に出さないように努力をしたりすることです。周囲に対するネガティブな発言は、百害あって一利なしです。自分にとって、何も利益が無いどころか、中長期的にはキャリアの好機を遠ざけるリスクになりかねないので、自重することに越したことはありません。

「ジョブ型」は、職務（ジョブ）優先です。しかし、だからといってチームワークをおろそかにしていいということではありません。キャリア全体を考えると、むしろチームワークは重要です。「ジョブ型」だからこそチームワークを軽視せずに、チームと上手く関わっていくことを心がけましょう。

第4章 まとめ

「ジョブ型時代」にビジネスパーソンが持つべき5つの行動原理

1 学びのアップデート

■学びのアップデートとは、新たな学びを受け容れ、自らを進化させる力を指す。学びのアップデートは5つの構成要素からなる。
①好奇心　②環境認識力　③アウトプット志向　④他者に学ぶ力　⑤学習棄却

2 持論を形成する力　～脱正解主義

■職務価値の高い職務は、「未知の課題」に対応する機会が多くなる。「持論を形成する力」を身につけると、他者に振り回されることが少なくなる。

■「持論を形成する力」を身につけるためには正解主義から脱却する必要がある。「未知の課題」は「正解のない」課題。だからこそ、他人に判断を委ねず、自分で考えて決める習慣をつけることが重要だ。

3 適切に主張する力　～相互尊重的（アサーティブ）なコミュニケーション

■「ジョブ型」時代を生き残っていくためには、自己主張が大切。ただし、思うままに主張すればいいというものではない。お勧めしたいのは、相手も尊重したうえで、誠実・率直・対等に自分の要望や意見を相手に伝える、相互尊重的なコミュニケーションだ。

■相互尊重的なコミュニケーションには、次の3つのポイントがある。

①傾聴を心がける

②率直かつ柔らかい表現で自身の主張を伝える

③断るときは代替案を提示する

4 楽観性　～物事を前向きに捉える力

■楽観性とは、物事を前向きに捉える力。楽観主義者の方が悲観主義者よりもキャリアの成功確率が高い、という研究結果もある。

5 ジョブ型だからこそ意識したいチームワーク

■ジョブ型は、あくまでも課せられた職務（ジョブ）優先だが、だからといってチームワークがなくていいわけではない。周囲と上手く協働する人のほうが、キャリアを成功する確率を高めることができる。

第5章

「ジョブ型」時代のキャリアデザイン

最終章では、これまで解説してきたキャリアに関する
考え方を統合し、みなさんご自身がキャリアデザインを
進められるように、フレームワークに落とし込んでいきます。
何度も述べてきたように、「ジョブ型」時代においては
会社や他人にキャリアを任せていても、
充実したキャリアを歩むことはできません。
自ら意欲を燃やし、一歩一歩のキャリアの道のりに
「意思」を込めるための視点を提示します。
自分のキャリアの主人公は自分です。
ぜひ、ここからスタートを切ってみてください。

人生におけるキャリアの位置づけを考える

本章では、今まで紹介した考え方を統合し、キャリアデザインに落とし込みます。いくつかのワークが出てきますが、ぜひ取り組んでみてください。

まず、キャリアデザインの前提として、キャリア以外の要素も含めて、キャリアの位置づけを確認しなければなりません。ワークライフバランスという言葉が一般化して久しいですが、キャリアとライフ（生活）は不可分です。時間はすべての人に平等に与えられたリソース（資源）であり、どう配分するかによってキャリアは変わってきます。自分は、何に優先順位を置き、キャリアにどの程度の重みを置くかが、キャリアデザインの大前提となるのです。

当たり前ですが、ヒトは社会生活を営むうえで、さまざまな役割を担っています。米国の心理学者、ドナルド・E・スーパーは人生における役割の変化をライフ・キャリア・レインボーという考え方にまとめました（図表5 - 1）。

これは、人生を日の出から日没までとし、生活段階と役割の変化を表したものです。若年のうちは比較的単純な役割に限られていますが、社会生活が進むにつれて、さまざまな

図表5-1 ライフ・キャリア・レインボー

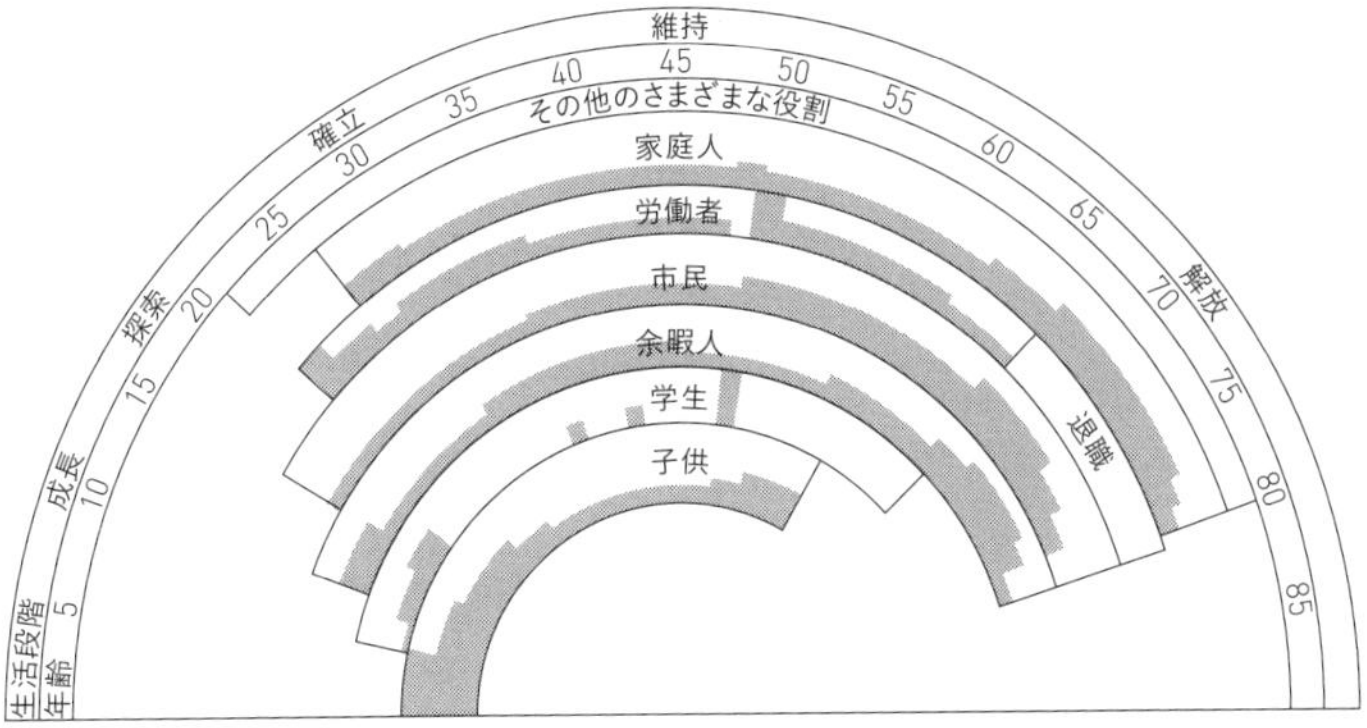

「The Life-Career Rainbow(Nevill & Super, 1986)」を一部編集

役割が虹の層のように積み重なっていくことが分かります。

キャリアデザインにあたっては、自分はどのような役割を果たし、どのような周囲とのつながりを持ち、どのような人生を送りたいかをイメージする必要があります。特に、「ジョブ型」時代を生き抜くという観点からは、2つ理由があります。

1つは、第1章で述べたとおり、自分の従事している事業・会社・職務が長期に続く保証がないからです。そして、新たな職務を得ようとするには、即戦力が求められます。目の前の仕事だけに没頭し、特定の職務に必要な能力を磨いていても、事業・会社・職務そのものが無くなることは起こり得ます。自身の職場の居場所が危機にさらされたとき、支えになってくれるのは「絆」です。仕事のみに没頭し、友人関係や家庭関係などのつながりが脆弱になっていると、いざというときの拠り所をなくしてしまうのです。

もう1つは、「ジョブ型」では、個人の事情に関係なく、仕事サイドから達成基準が示されるようになるからです。「ジョブ型」は、事業戦略に基づき、組織・職務を設計し、各自に割り振っていきます。各人が「やり切る」ことが大前提であり、基準ありきになるのです。自分が思い描く、キャリアとライフのバランスを持たないと、いつの間にか職務に求められる基準に引っ張られかねません。自分の人生の優先順位を考慮しながら、上手く上司と調整し、自分の望むバランスへリードする必要があるのです。たとえ仕事が充実していたとしても、家庭や健康を損なうと、人生全体からすると「幸せなキャリア」とは言えないでしょう。会社の要請をある程度は踏まえつつ、流され過ぎないように、自分の望むバランスを認識する必要があります。

これは、必ずしも、キャリアとライフが綺麗なバランスであることを推奨しているわけではありません。重要なことは、自分が「納得できる」バランスであることです。人生のあるタイミングで仕事にコミットすることは決して悪いことではありません。キャリアの勝負所であれば、なおさらです。自分の急成長を実感したり、情熱を捧げたいと切望する機会に巡り合えたりしたら、寝食を忘れて没頭することでしょう。大切なポイントは、アンバランスなバランスであったとしても、それを自分で納得していることなのです。

自分の意思あるバランスにするためには、自分の望ましいバランスを書き出して再確認してみることです。その際、**「4つのL」**というワークが有効です。人生を豊かにする要素を大きく分けると、**仕事（Labor）、愛（Love）、余暇（Leisure）、学習（Learning）**の4つです。現在、自分がどのような比率で時間やエネルギーを注いでいるのか、これから5年くらいのスパンで、どのような比率にすべきかを円グラフに表現してみてください。また、その理由を書き出してください。これはデータに基づく厳密なものではなく、あくまでも自分の感覚をベースにするものでかまいません（図表5-2）。

このときに、自分の仕事や人生における役割の変化を想像してみることです。キャリアでは、1つ上の役割に上がっている、今よりスムーズに仕事をおこなっている、といったこともあるでしょう。ライフでは、結婚をする、住宅を購入する、子育てをする、友人との親交を深める、趣味や地域団体に参加する、資格を取得する、運動を始める、親の世

図表5-2 自分にとっての人生の配分（4つのL）

記入例　※「現在の人生の配分」と「これからの人生の配分」を記入

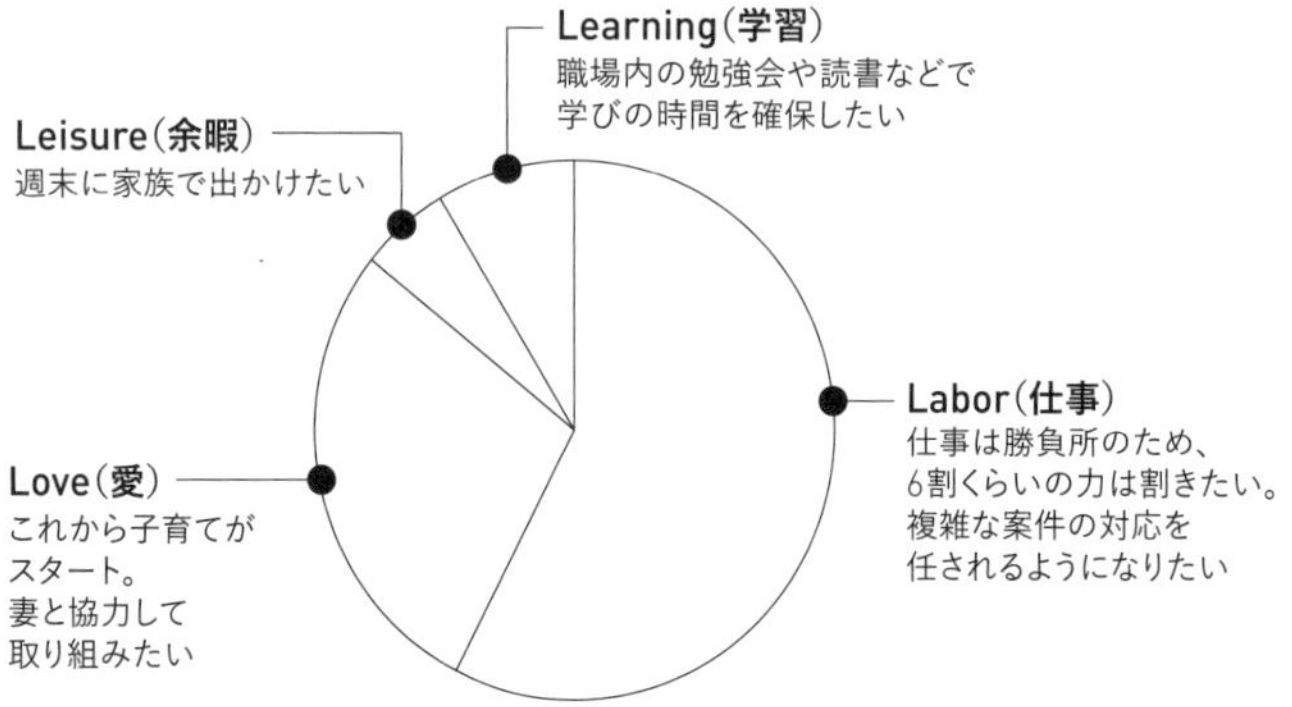
Learning（学習）
職場内の勉強会や読書などで
学びの時間を確保したい
Leisure（余暇）
週末に家族で出かけたい
Labor（仕事）
仕事は勝負所のため、
6割くらいの力は割きたい。
複雑な案件の対応を
任されるようになりたい
Love（愛）
これから子育てが
スタート。
妻と協力して
取り組みたい

話・介護が始まる、といったさまざまな変化を思い描くことができるでしょう。

多くの人は、「すべきこと」と「したいこと」の両方が混在しているはずです。私たちは、社会の一員として生きているため、さまざまな責任を果たさねばなりません。どの程度、責任が増えていくかは押さえておく必要があります。一方で、「すべきこと」で塗りつぶされていては、生きがいを見出すことが難しくなります。自分が「したいこと」は何か、「すべきこと」を減らしてでも追加する余地が無いか、などを考えてみることです。

これらを考慮したうえで、4つのLのバランスを書き出していくのです。これによって、これからの自分のエネルギーの使いどころを明らかにすることができます。残念ながら、自分の気力・体力・時間は限られています。すべてに全力投球するわけにはいきません。自分なりの力の入れどころを明らかにすることで、人生におけるキャリアの位置づけを意識することが可能になります。要は、どこまで仕事に時間と情熱をベットしたいかを再確認することができるのです。

そして、この自分で決めた人生のバランスは、自分のキャリアを方向づけるうえでの重要な指針の1つになります。実際にキャリアを進めていくと、他者の意向の影響を必ず受けます。仕事のアサイメント、異動の打診、後進指導や協力要請など大小さまざまな影響があるでしょう。そこで、自分が譲っても良いラインと譲れないラインをイメージすることです。思い描いた人生のバランスを大きく崩すようなことがあれば、それを受け容れないことも選択肢の1つとして持っておくことです。

特に、責任感の強い人は、仕事上の「責任」に流される傾向があります。周囲に任せる人がいないから、深夜や休日まで残業するといった自己犠牲的なバランスになりがちです。その結果、家庭や健康を損なったとしても、会社が何かをしてくれるわけではありません。十分な人員が配置されないのは、経営側の責任です。ある程度、責任を果たすことは大切ですが、自分の人生の方が重要です。自分にとって望ましいバランスや譲れないラインを意識して、上手く調整するように動くといいでしょう。

最後に、注意したいことは、**「今、夢中になれること」と「将来、幸せでいること」は必ずしも一致しない**ことです。一概には言えませんが、若いうちは仕事での「やりがい」やプライベートでの充実に重きがあります。中高年になると、社会的な地位や報酬に関心が移る人がいます。また、円満な家庭なども幸せな条件の1つです。壮年になると、健康の重要性や友人・地域社会とのつながりなどの重要性が高まります。「今、夢中になれること」だけに自分のエネルギーを注いでいると、気がついたら幸せではない環境に身を置いていることが往々にして起こります。将来、仕事や社会的な成功を収めていたいのであれば、ある程度「仕事」や「学び」に力を注いでいく必要があります。将来、家族や友人との絆を大切にしていたいのであれば「家族」や「友人」に、健康でいたければ「運動」に時間を注ぐ必要があります。

これは、気力・体力・時間という自分のリソース（資源）を「現在に消費するか」「将来に投資するか」の選択でもあります。少し先の将来を見据えながら、現在の消費と将来の投資にバランスよく振り分けることが、豊かな人生を送るための秘訣と言えるでしょう。

本項では、人生のバランスとキャリアの位置づけについて解説しました。いよいよ、次項から、キャリアそのものについて取り扱っていきます。

自分の過去を振り返る〜キャリアヒストリーとキャリアアンカー

キャリアは、過去・現在・未来の一連の流れを指します。キャリアデザインで重要なことは、現在から未来にかけて、これからどのようなキャリアを歩むかです。しかし、過去・現在・未来は一連の流れであるからこそ、過去を振り返ることにも大きな意味があります。

過去を振り返ることとは、内省をおこなうことでもあります。内省とは、自分の心に向き合い、自分の考えや言動を省みることです。自分はあらためて、どのようなキャリアを歩んできて、何を大切にしてきたか、などについて振り返ることで、キャリア観を確かめることができます。**このキャリア観こそが、次の一歩を決めるための指針になる**のです。

それには、自分の過去を点ではなく、線で振り返ってみることです。「図表5-3」に、ワークシートがありますが、過去を振り返って、時間軸とともにモチベーションのバロメーターである「気持ちの浮き沈み」を描き出してください。そして、そのモチベーションの山、谷で起きたできごとについてメモしてみてください。これにより、自分がどのようなときにモチベーションが上向き、どのようなときに下がるかを理解することができます。併せて、過去を振り返ってみて、自分のキャリアアンカーを書き出してみてください。キャリアアンカーについては、第3章で解説したため、詳細を改めて解説することはしませんが、「得意なこと（得意でないこと）」「したいこと（したくないこと）」「価値を見出せること（見出せないこと）」であり、自分の譲ることのできない価値観や優先順位のことです。

時間軸については、自分で決めてかまいません。社会人になってからのキャリアヒストリーを描き出してもいいですし、学生時代を含めてもかまいません。ただ、自分のキャリアのなかで重要な転機になるような強烈な原体験がある場合は、それを含めるといいでしょう。

過去を振り返ると、自分という人間をあらためて知ることができます。喜怒哀楽と自分のモチベーションは呼応します。成長実感や貢献実感がモチベーションを引き上げ、無力

図表5-3 キャリアヒストリーとキャリアアンカー

これまでのキャリアヒストリー

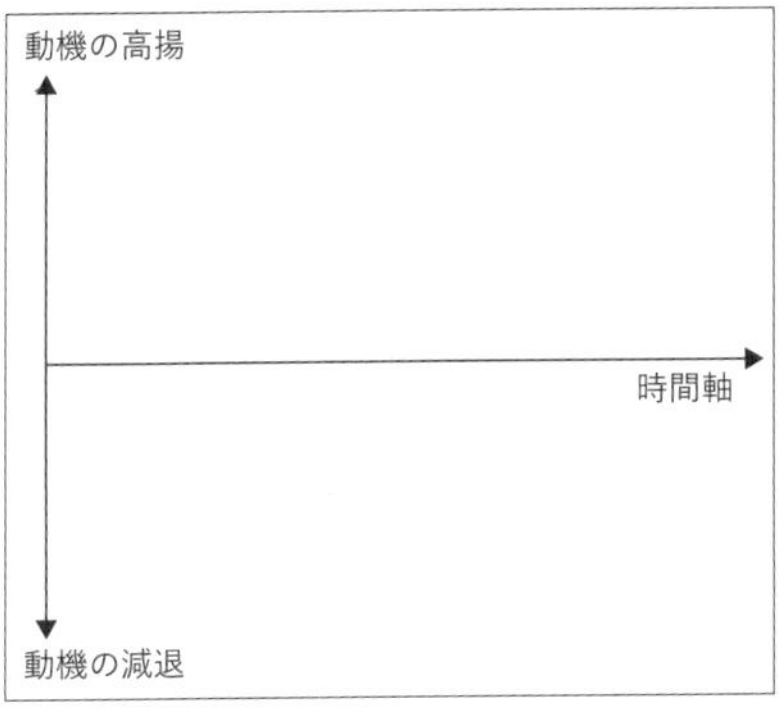

自身のキャリアアンカー

自分の得意なこと（得意でないこと）

自分のしたいこと（したくないこと）

自分が価値を見出せること（見出せないこと）

キャリアヒストリーとキャリアアンカー（記入例）

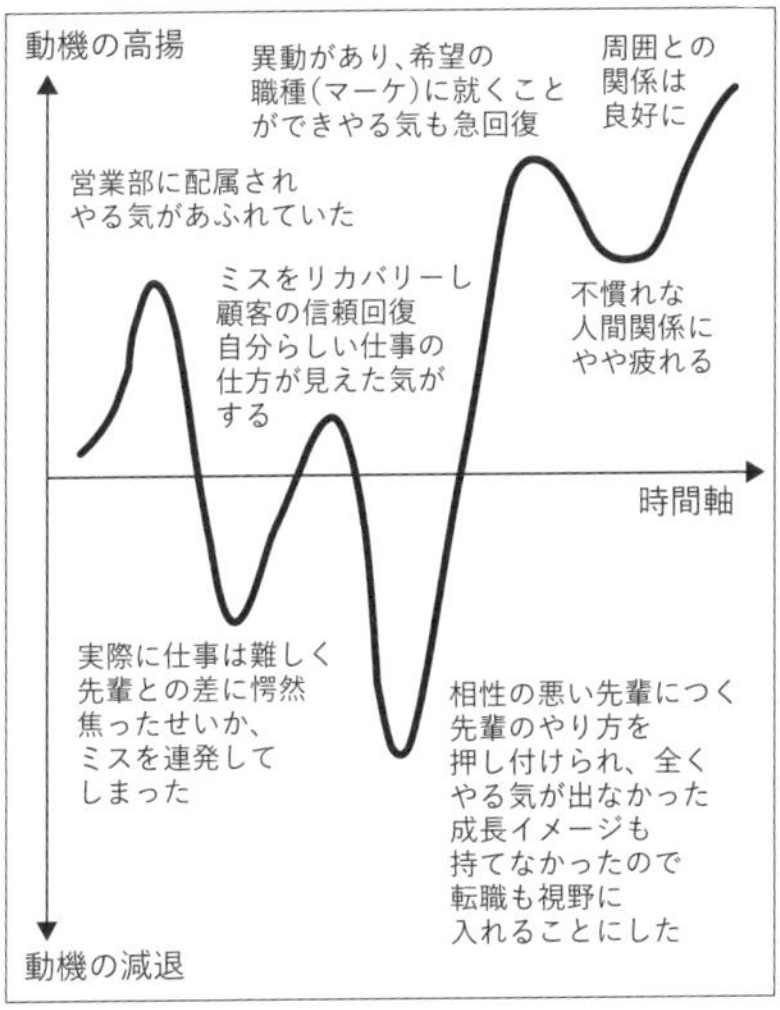

自分の得意なこと（得意でないこと）

新しい発想をおこなうことは得意。一方で、きちんきちんと確認しながら、細かなことを詰めていくことは苦手。営業をしていても、細かな契約確認などは苦手だった。細かいことをひとつひとつおこなうよりは、確認シートを作ったり、ミスが出ないプロセスを作ったりする方が性にあっている。

自分のしたいこと（したくないこと）

新しいことにチャレンジすることが自分のしたいこと。また、自分では今まで意識していなかったが、周囲のまとめ役や指導役もやってみて楽しかった。一方で、ヒトのやり方を納得せずに、押し付けられることはしたくないことが、相性の悪い先輩との仕事で分かった。

自分が価値を見出せること（見出せないこと）

相手から「価値を認めてもらう」仕事に尽きると思う。営業でも、商品企画でも、自分よがりの仕事では価値は無い。相手がその価値を認め、喜んでもらえる仕事をすることこそが、自分にとっての価値だと思う。

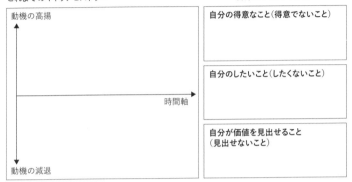

感や絶望感がモチベーションを奪うことは言うまでもありません。場合によっては、「何か許せないこと」に直面し、怒りとともに奮起することもあるでしょう。自分の感情を揺さぶるものを振り返り、そのパターンを知ることが、自分のキャリア観を確かめることでもあるのです。

あるグローバルで展開する日本企業の人事責任者は、次世代リーダーの育成のために、リーダー候補者を見晴らしの良い丘に連れて行って、「キャリアのなかで最も嬉しかったこと／最も頭にきたこと」を問うようにしているそうです。最初は戸惑う人が多いものの、「本当に嬉しかったことは何か？」「どうしてそう思ったのか？」「どうして感情を揺さぶられたのか？」ということを、繰り返し問いかけることで、本人の「キャリアの核」が固まってくるそうです。もちろん、無理に自己開示を迫ることはないそうですが、多くの場合は自然と自己開示が進んでいくそうです。その方は、このようなことをおこなう理由を次のように語っていました。「キャリアの階段をのぼっていくと、大変なことは山ほど出てくる。そのときに自分の『芯』を持っているかどうかで、乗り越えられるかどうかが変わってくる。そのためには、自分で自分の内面に問いかけるしかない。私はその手伝いをしているだけだ」

自分の感情の起伏とそのパターンを知ることに合わせ、キャリアアンカーを再確認することも重要です。自分の「能力」「欲求」「価値」はどこにあるか、そして過去の経験からどのような優先順位があるかを認識することです。過去を振り返りながら、「自分の能力は活かせたか？」「自分の欲求に合っていたか？」「自分は価値を見出せたか？」を自らに問いかけることで、キャリアアンカーを再確認していくのです。これまでも、キャリアのなかで個々の要素が相反する選択はあったことでしょう。どちらを優先してきたかを振り返ることで、自身が大切にするものを再確認することができるのです。

このワークは、一人でおこなってもいいですが、他者とおこなうこともお勧めです。キャリア開発の研修では良く使われるワークで、初対面の相手であっても「過去の自分」を語るのは、案外、容易なものです。むしろ、自分の体験や感情を他者に語ることで、自分自身の内面に対する整理がついたり、新たな気づきを得たりし、自己洞察効果が高まっていきます。自分のなかでは、何となく理解できていることも、他者への説明のために言語化することで、さらに内省は進むものです。気軽に話せる友人・パートナーをつかまえて、自己内省につき合ってもらうことも良いでしょう。また、現在では、キャリアカウンセラーやキャリアコンサルタントを配備する企業も増えてきました。このようなキャリアの専門家の支援を受けることも有力な選択肢と言えます。

普段から忙しくしていると、自分が働いている意味について、深く考える暇がないかもしれません。新卒での就職活動ではほとんどの人が自己分析をおこないますが、社会人になった後で自己分析をおこなう人はあまりいません。しかし、キャリアを進めるうえで、自分のキャリア観を持つことが、ブレない自分らしいキャリア選択につながります。キャリア観は経験とともに変容していきますから、節目のタイミングでは、過去を振り返り、自分のキャリア観を再確認することがいいでしょう。

いつの時代もそうですが、若いうちは「早く果実を得たい症候群」にかかりがちで、昨今、その傾向は増加傾向にあるように感じます。「手っ取り早くお金を稼ぎたい」「早く給料が上がる会社に行きたい」「副業でひとやま当てたい」といったことです。それは、情報氾濫が1つの一因であると筆者は見ています。今では、インターネットで手軽に無料の情報にアクセスできます。会社や仕事に関する情報も例外ではなく、社内文化や給料相場、出世のペースやワークスタイルなど、さまざまな情報が手に入ります。また、SNSの発達により、他者の成功や充実などを目にし、焦燥感や劣等感をかき立てられがちです。

情報に流され、ふわふわした気持ちでキャリアの意思決定をおこなっていると、結果として不本意なキャリアになってしまうことがあります。筆者自身は、金銭報酬を追い求めること自体を否定するつもりはありません。金銭報酬はキャリアの大事な要素です。また、「石の上にも三年」といった忍耐論や、「置かれた場所で咲け」といった美徳を振りかざすつもりもありません。ただ、**自分の内側にある「物差し」で物事を決めることは大切**だと考えています。キャリアにおける「物差し」とはキャリア観のことです。自身のキャリア観で金銭報酬への「欲求」が大きいのであれば、それを重視するキャリアを歩むことは立派なことです。大事なポイントは、周囲の情報や意向によって自分のキャリアを決めるのではなく、自分の内面にある「物差し」で決めることです。

自分らしいキャリアとは、自分のキャリア観に沿ったキャリアに他なりません。過去を振り返り、自分が大切にしてきたものを再認識することがキャリア観の形成には欠かせないのです。読者のみなさんも、日々の喧騒から遠ざかり、じっくりと過去に向き合うことをおこなってみてはいかがでしょうか。自分が大切にすべきものがおぼろげながらも見えてきて、初めて自分らしいキャリアのスタートラインに立てるというものです。

将来の進むべき方向性をイメージする

次は将来に意識を振り向けてみましょう。キャリアにおいて、長期にわたる詳細な計画を立てることには、あまり意味がありません。なぜなら、キャリアにおいて、変動要素は多く、計画通りに物事が進むことは、ほとんどないからです。

10年スパンで見ていくと、大きく世の中が変わってきていることが分かります。総務省の発表によると、２０１０年にはスマホ保有率は９・７％に過ぎませんでしたが、２０１９年には83・４％まで普及しました。インターネットに常時接続が当たり前になり、ＳＮＳが一般化し、「一億総メディア時代」となりました。サービスのクラウド化やシェアリングも一気に変わりました。コロナ禍により非接触が余儀なくされ、無人サービスやロボットなどの活用も急速に広がっています。この変化のスピードは増す一方であり、10年後には今では想像もつかないようなライフスタイルに変化している可能性は高いでしょう。

それでは、将来の方向性について、何も考えなくてもいいかというと、そういうものではありません。将来の方向性は、「自分なりのキャリアの終着点（ゴール）」です。自分の理想として思い描く姿がなければ、自分が進んでいる道が正しいかどうか、判断がつきません。また、苦難や試練に直面したときに、それを乗り越えようとする力を与えてくれるのがキャリアゴールです。**自分は将来、何になりたいか、何を成し遂げたいか、という遠い将来のゴールを思い描くことが、長いキャリアの道のりを力強く歩むためには重要**なのです。

プロの野球選手やサッカー選手は、当然ながら、限られたひと握りの人しかなれません。才能にもよるでしょうが、鍛錬を重ね、苛烈な競争に打ち勝たねばなりません。多くの選手は幼少期から、「プロで活躍したい」という明確なゴールを持って打ち込みます。「夢の力」はバカになりません。ゴールを意識するからこそ、厳しい鍛錬に耐え、長きにわたる道のりを歩み続けられるのです。

ソフトバンクの創業者である孫正義氏は、19歳のときに「人生50年計画」を立てたといいます。20代で事業を興し、30代で軍資金を貯める。40代でひと勝負して、50代でビジネスモデルを完成させる。そして60代で次の経営陣にバトンタッチする。概ねこの計画通りにキャリアを歩んでいます。この計画が、ご本人のキャリアの大きな後押しになっていることは言うまでもありません。

私たちビジネスパーソンが描く将来像は、それほど大層なゴールである必要はありません。自分が自分を奮い立たせるゴールであればいいのです。将来、自分がどういうことを成し遂げれば、ワクワクするのかを考えてみるといいでしょう。

自分の将来像は自分の内面にしか答えはありません。そのときに、自分のモチベーションの源泉について考えてみることも有効です。米国の心理学者であるデイビッド・マクレランドは、人の社会的行動を説明する動機として、3つのモチベーションを挙げ、社会的動機と名づけました。

- **■達成動機：卓越した基準を超えようとする**
- **■親和動機：ヒトとの温かい交流を大切にする**
- **■パワー動機：他者に影響を及ぼそうとする**

私たちは、社会的動機の影響を受けて行動の選択をします。他者との衝突が起きたときに、達成動機の強い人は課題解決そのものに関心を寄せがちです。親和動機の強い人は相手の感情に注目します。パワー動機の強い人は、相手を上手く説得しようと考えたり、衝突が及ぼす影響範囲に考えを巡らせたりします。

価値観は人それぞれと言いますが、何に動機づくかも人それぞれです。達成動機が強い人は「ナンバーワンを目指す」「技量を高めていく」「世界で通用する」といったことに動機づきがちです。親和動機が強い人は「強い絆の関係を築く」「他者に貢献できる」といったことに、パワー動機が強い人は「社会的に影響度の大きいことに取り組む」「組織内で大きなパワーを持つ」「金銭報酬や出世をしたい」といったことに動機づく傾向があります。自分の動機の源泉を意識し、長期的に自分が動機づく方向性を思い描いてみると良いでしょう。

筆者はあるPEファンドのマネジャーと一緒に働くことがありました。その人は、日本でも有数の超大企業に勤めていましたが、20代の中盤にはファンドへ転職したそうです。よく聞いてみると、「経営者になりたい」という想いがあり、超大企業では難しいと感じたそうです。本人が言うには「自分のいた大企業では、実力以外の要素が大きいと感じた。上司や配属事業などによって、キャリアは大きく左右される。たとえ実力があっても、上手くいかないことの方が多い。経営者になろうとしたら、ここじゃないと思った」ということでした。将来を見据え、自分の意志で将来に続く一歩を踏み出した好例ともいえるでしょう。

筆者は仕事柄、さまざまな人のキャリアについて話を聞いてきました。専門能力や技量を磨き、エンジニアとしての道を究めていくことを決意した人もいました。家庭や地域と強固なつながりを持ち続けるために、転勤を伴う栄転を固辞する人もいました。社会的な使命感に燃え、自分で事業を興す人もいました。**将来的に「自分が何者になりたいのか」「どこに向かって進むのか」を強くイメージしている人ほど、キャリアに迷いがなく、大胆な決断を思い切ってできています。**

将来像を描くということは、いわば自分の「決意表明」をするようなものです。ヒトは、「目指すもの」がなければ、現状に押し流されてしまいがちです。自分がキャリアの果てに、到達したいゴールをイメージすることこそ、自分らしいキャリアを歩むために大切なのです。「意志あるキャリア」にするためには、自分の将来の理想の姿や実現したいことを思い描くことが重要といえるでしょう。

現在の立ち位置から次の一歩を決める

過去、将来と見てきましたが、最後は現在です。キャリアデザイン上は、「現在」と

「次の一歩」が最も重要といえます。なぜなら、「次の一歩」の積み重ねがキャリアになるからです。「現在」を自分なりに見極め、大事に「次の一歩」を重ねていくことが、自分らしいキャリアにつながっていくのです。

「ジョブ型」時代が本格化すると、キャリアの固定化が否応なく進んでいきます。配置された最適な人材を職務（ジョブ）から引き離すことは、組織全体の機能不全を起こしかねないからです。実際に「ジョブ型」の人材マネジメントを採用した企業では、大規模な定期人事異動は減少しています。職務（ジョブ）から人材を引き離し、新たな人材を配置することは、異動コストと機能不全リスクがあるからです。そのため、多くの会社は戦略的な異動に絞り込んでいく傾向にあります。また、挑戦的な課題へのアサイメントも、原則は「できる人」ベースです。その課題対応に足る能力・実績を示せなければ、キャリアの階段をのぼることも難しくなるのです。

個人の視点からみると、これは大きな変化です。従来は待っていても、新たな機会に巡り合う機会が潤沢に与えられていました。しかし、会社が「ジョブ型」の人材マネジメントへシフトすることで、その機会は気づかないうちに失われつつあるのです。会社や上司にキャリアを委ねていると、いつの間にか「現状維持」を余儀なくされかねません。

では、どうすればいいかというと、**いま立っている場所を見つめ直し、自分の次の「一歩」をどちらに向けるかを決める**ことです。「次の一歩」のパターンは限られています。「進む」「転じる」「止まる」の3パターンです（図表5‐4）。

進む　：現在のキャリアを前進する。さらなる高みを目指す。
転じる：別のキャリアを模索する。転身する。
止まる：キャリアの歩みを止める。歩みを緩める。次への準備をおこなう。

「次の一歩」はどの方向性かを「自分で決める」ことこそが、会社や上司のペースではなく、自分のペースで歩みを進める最大の秘訣なのです。できる／できないはさておき、自分がどうしたいかを決めることが、自立的なキャリア形成の第一歩です。

今、立っている場所とは、自分が現在従事している職務（ジョブ）に他なりません。第3章ですでにいくつかの分析の観点を解説しましたが、ここではそれらを統合していきます（図表5‐5）。

まず、自身の職務概要の振り返りです。ここでは、自身の職務で果たすべき責任（アカ

図表5-4 キャリアの3つの方向性

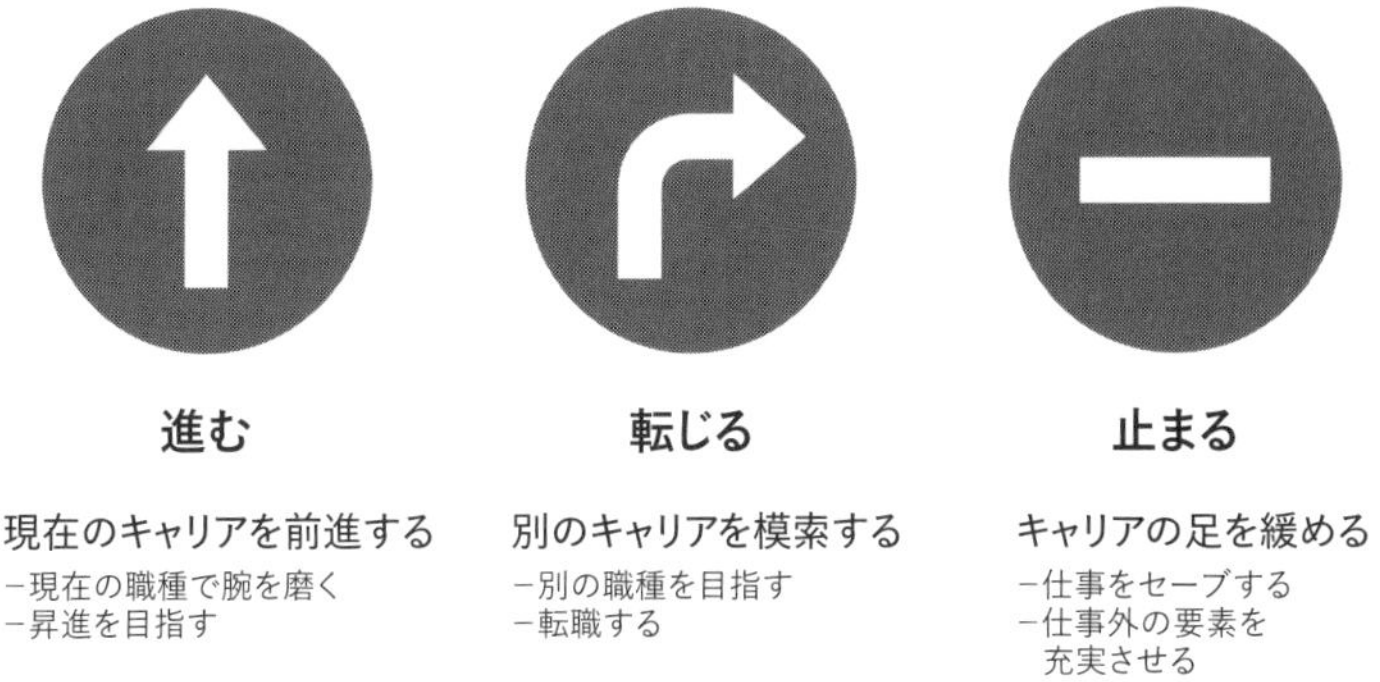
進む
現在のキャリアを前進する
−現在の職種で腕を磨く
−昇進を目指す
転じる
別のキャリアを模索する
−別の職種を目指す
−転職する
止まる
キャリアの足を緩める
−仕事をセーブする
−仕事外の要素を
充実させる

ンタビリティ）と近年の主要な実績を挙げてください。アカンタビリティとは、言い換えると「逃れられない責任」です。職務（ジョブ）には、必ず責任があります。営業では担当顧客における売上責任、開発であれば製品開発責任、製造であれば品質・コスト・納期などの責任が生じます。自分の職務（ジョブ）にどのような責任が課せられているかを考えてみることです。「ジョブ型」を導入する企業では、職務記述書を作ることもありますが、このアカンタビリティは職務記述書におけるメインボディとなるものです。

責任と実績をリストアップすることで、自分の職務の重要性や価値を客観視する

図表5-5　現状の職務に対する認識（記入例）電子機器のハード開発エンジニア

職務の概要

＜果たすべき責任（アカンタビリティ）＞

- 開発テーマに沿って、電子機器のハード開発をする
- 新たな要素技術の探索と製品適応をする
- 営業の要請に応じ、従来品の機能改善をおこなう
- 担当する品番のハード技術に関するアフターフォローをおこなう
- 配置されたプロジェクトメンバーの業務指導・育成をおこなう

＜過去2-3年間の主たる実績＞

- プロジェクトマネージャーとして、20XX 年に2つの新機種を開発し、現在も販売中
- 既存品 A のハード機能改善をおこない、耐久性を向上
- 開発部門全体の品質改善活動のリーダーとして、改善推進
- B 製品に関する業務プロセス改革で全社表彰（優秀賞）を受賞
- 開発メンバー5名の指導

自身の職務に対する満足度

高い　普通　低い

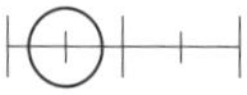

＜理由＞

開発自体はやりがいがあり、満足感が高い。
適度にチャレンジングな開発課題があり、毎回、新鮮な学びがある。
開発業務以外の管理業務が増えてきているが、意欲を損なうほどではない。

自身の職務適性

高い　普通　低い

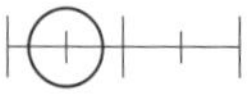

＜理由＞

大学の専攻が活かせる職務であり、職務適性はあると感じている。
最優秀とまではいかないが、エンジニアとしては優秀なほうだと思う。

報酬の妥当性

高い　普通　低い

＜理由＞

報酬面は、競合と比べて低い。
転職して外に出ていった同僚は、報酬アップして出ていっている。
仕事量に比べると、報酬面では報われていないと感じる。

事業・企業・職務の将来性

高い　普通　低い

＜理由＞

業界内では、競争力が低く、かなり苦戦を強いられている。
昨今はベンチャーの参入も相次いでおり、競争が激化している。
これといった特色が無い製品が多く、現在の状況のままだと見通しは厳しい。

ことができます。会社から期待されている度合いなども実感できるでしょう。そのうえで職務（ジョブ）に対して次の４つの視点から振り返ってみることです。

①自身の職務に対する満足度：自分は職務にやりがいを感じているか？
②自身の職務適性：自分は職務に求められるスキル・能力を備えているか？
③報酬の妥当性：自分は現在の報酬を妥当と感じているか？
④事業・企業・職務の将来性：事業・企業・職務に将来性を感じるか？

「自身の職務に対する満足度」は、自分自身が職務に満足感・充足感を感じているかどうかです。キャリアヒストリー、キャリアアンカーで過去から現在までを振り返りましたが、いま現在の職務（ジョブ）に対して満足感・充実感があるでしょうか。「仕事が楽しい」「仕事がつまらない」という感覚的なもので結構です。自分の内面にあらためて問いかけてみることです。

「自身の職務適性」は、自分が職務に求められるスキル・能力を満たしているかです。「仕事には楽しいが、苦手」ということが起きていないでしょうか。得意分野が活かせているかどうかは、職業選択では重要な要素です。いくら好きでも、自分の能力に合わず、成果がまったく出ない職務は適職とは言い難いものです。職務サイドからみて、必要な要件を満たしているかをあらためて考えてみることです（第3章で詳述『職務適性』を参照のこと）。

「報酬の妥当性」は、自分が現在の職務で十分に報われているかどうかです。これは、単純に報酬の高低を取り上げているわけではありません。自分が提供している貢献に対して、正当な報酬と納得できるかどうかです。納得できない報酬で働き続けることは、不満が募ります。不満が募ると、ふとしたきっかけで衝動的な行動を起こしかねません。これは、キャリア上の大きなリスクになります。自分が現在の報酬に妥当感を持てているかは、定期的に確認することです。

「報酬の妥当性」は自分自身の思い込みで判断することなく、複数の情報ソースをあたってみるといいでしょう。自社の報酬水準について先輩社員や同僚の見解を聞いてみる、社員クチコミサイトで競合情報を確認してみる、統計情報をあたってみる、転職サイト・転職エージェントに登録して相談してみる、などといった方法です。ただ、これらの報酬情報には先入観や意図が混じっていることが往々にしてあります。複数のリソースをあたってみて、労働市場の相場観をつかんだうえで自分の「報酬の妥当感」を考えてみるといいでしょう。

最後に「事業・企業・職務の将来性」です。いくら自分が今の会社で、今の職務を続けようとしても、事業・企業・職務の存続が危ういようであれば、自分の進退も考え直さなければなりません。成熟・衰退期に事業自体が差し掛かっており、新たなイノベーションが別のところで起きつつあるようだと、かなり危ないでしょう。筆者もコンサルタントとして、再生案件に携わることがありますが、1つの真実は多くの社員はだいぶ前から危機に気づいているということです。売上の低迷、顧客の離反、競合の攻勢、エース社員の退職など、さまざまなサインが危機の兆候として出てきます。問題は、「見えているのに、見ようとしない」ことです。人は不都合な真実から、目を背けたくなるものです。しかし、危機から目を背けていると、いつの間にかキャリアを危機にさらしてしまい、不本意なキャリアを歩んでしまいかねません。見えているものから目をそらさずに向き合う姿勢が不確実な環境下でキャリアを生き抜いていくために必要なのです。

これら4つの視点、「満足度」「職務適性」「報酬の妥当性」「将来展望」は、職務に関連する内的・外的要素を明らかにするものです。「満足度」と「職務適性」は、自分の内面的な要素です。働きがいや、自己貢献感に関わってきます。「報酬の妥当性」「将来展望」は、外面的な要素です。生活設計や経済環境に関わってきます。

この内的・外的要素を押さえたうえで、総合的に考えて自分の「次の一歩」を決めるのです。「好きを仕事に」というのは理想ですが、霞を食べて生きていくわけにはいきません。一方で、高報酬だからといって満足度の低い仕事につくと、どこかで無理が来るでしょう。自分が納得できるバランスを考える必要があります。

ここまで、過去を振り返り、将来の目指す姿をイメージしてきました。そして、現在に向き合い、「次の一歩」を決めようとしています。「進む」「転じる」「止まる」を決めることで、いよいよキャリアは未来に向かって動き出します。その歩みは、自分の意思そのものです。この一歩こそが、自立的なキャリアに続く一歩なのです。次項からは、「進む」「転じる」「止まる」について、解説を進めていきたいと思います。

進む ～キャリアの階段は自分でのぼる

「進む」とは、現在のキャリアを邁進することです。今の職務の延長線上を見据え、腕を磨く、高い業績を達成する、昇進を目指す、などの方向性です。

「ジョブ型」時代では、漫然とキャリアの階段をのぼっていると、どこかで険しいキャリアの階段に突き当たります。上にいくほど、「できるか／できないか」の2択でアサイメントが決まっていきます。「ジョブ型」では、事業戦略から組織・職務設計がされ、要職になるほど、1つの職務の事業戦略そのものに及ぼす影響が大きくなるからです。

また、昨今では長時間労働やハラスメントに企業は過敏になっています。かつては、タフアサイメントという名目で、多少の無茶ぶりは許容されていましたが、時代は変わりました。部下の能力に合わないアサイメントは、長時間労働やハラスメント問題に発展しかねません。そこで、管理職は、部下への「配慮」を相当するようになってきました。ひらたく言うと、「無理なら、仕事を振らない」「難しそうなら、自分で巻き取る」といった「配慮」です。こういった「配慮」が積み重なると、いつの間にか無難な仕事しか回ってこなくなり、キャリアの階段を足踏みすることになるのです。

「ジョブ型」時代で、「進む」ために重要なキャリア戦略は3つあります。

①キャリアの小さな階段を自分で作る

図表5-6　ジョブ型時代のキャリアの階段ののぼり方

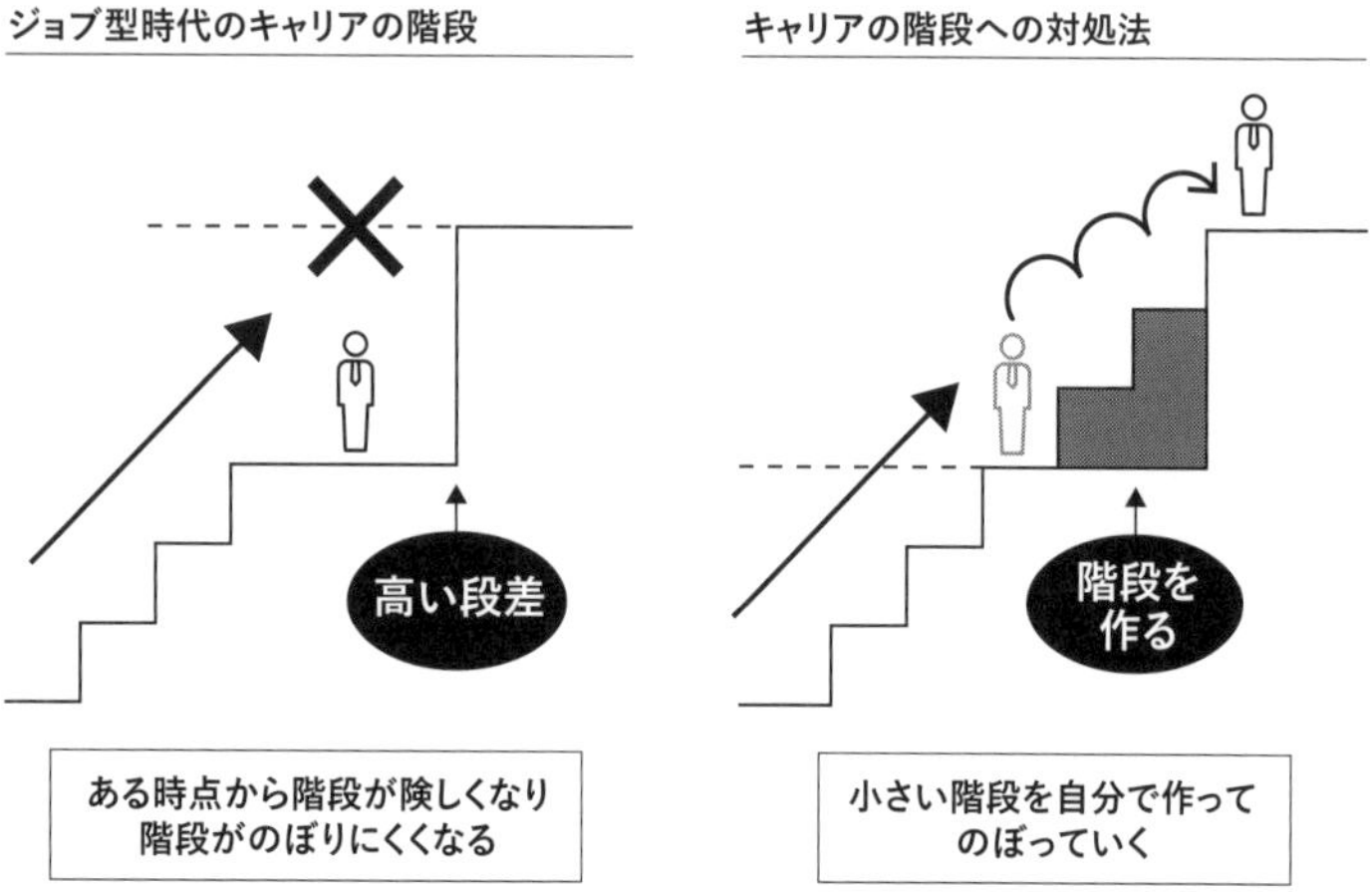
ジョブ型時代のキャリアの階段
高い段差
ある時点から階段が険しくなり
階段がのぼりにくくなる
キャリアの階段への対処法
階段を
作る
小さい階段を自分で作って
のぼっていく

②手を差し伸べてくれるパトロンを作る

③望む検索ワードの上位に名を連ねる

順番に説明していきましょう。

①キャリアの小さな階段を自分で作る

これは自分から提案し、1つ上の役割や仕事を積極的に取りにいくことです。

「ジョブ型」時代は実績がモノを言う時代です。1つ上の役割や仕事を少しずつ取りにいき、「任せても大丈夫」という状況に持っていくのです（図表5‐6）。

これは、上司の仕事を奪い、蹴落とすことを意味しているわけではありません。あくまでも、上司への支援の一環として、自らの成長の糧になるような仕事や役割を得ることです。

例えば、チームのまとめ役を買って出る、歯ごたえのある顧客や案件に志願する、他メンバーの指導役を担う、データ分析や資料作成を買って出るなど、さまざまな機会が職場にはあることでしょう。自分のキャリアのネクストステップを目指し、それにつながる役割や仕事を取りにいくことです。言い換えるなら、チャレンジできる余地を探し、自ら志願・提案することです。その際、少し背伸びをしたぐらいのチャレンジであれば、そのチャレンジは受け容れられる公算が高いでしょう。志願・提案するということは、上司の「配慮」は不要と宣言するようなことでもあります。これにより、高いキャリアの階段をのぼっていくのです。

②手を差し伸べてくれるパトロンを作る

険しいキャリアの階段をのぼる方法の1つは、「上司や周囲に引っ張り上げてもらう」ことです。「パトロン」とは、自分の強力な支援者を作るということを意味しています。

自分の「人事」に関することは、たいてい自分の知らないところで話し合われ、決められます。人事評価、人事異動、育成など、さまざまな機会は、自分のあずかり知らぬところでおこなわれているのです。味方の数が多いほど、より良い機会は巡ってきます。社内的にパワーのある人の後ろ盾があれば、なおさらです。

とはいえ、役員や上司に対して接待ゴルフや飲み会のお供をしなさい、ということではありません。このような私的な感情での「パトロン」は、長期的なキャリアの助けになりません。周囲のやっかみを買ったり、社内政治に巻き込まれたり、ということもあり得ます。私的な感情で引っ張り上げられると、私的な感情によって引きずりおろされるものです。

ここでの「パトロン」とは、仕事人として認められ、フェアに後押しをしてくれる味方という意味合いです。やりがいのある機会を与えてくれたり、周囲の反対があっても「任せてみましょう」と後押しをしてくれたりするような存在です。このような「パトロン」は、仕事上の接点から生まれてくるものです。「こいつは見所があるぞ」「こいつには任せてみたい」という何かを感じさせることからスタートするのです。

では、どうすれば良いかというと、「パトロン」候補との仕事上のつながりができたら、相手の期待値を**大幅に超えるアウトプット**を出すことです。斬新なアイデアが埋め込まれたコンセプト、詳細まで練り込まれた計画、こだわりの詰まった企画、きめ細やかな関係者へのフォロー、納期の前倒しなど、いつもより一段パワーを込めていくことです。本来は「仕事はつねに全力投球」が理想ですが、なかなかそれはできるものではありません。だからこそ、「勝負所」を見誤ってはいけません。尊敬する先輩や社内キーマンとの協働の機会が出来たときは絶好のチャンスです。全身全霊を込めて、本気の仕事をおこなうことです。人は本気に触れると、応援したくなるものです。大物を味方につけるには、本気の仕事をすることが、何よりも重要なことなのです。

③望む検索ワードの上位に名を連ねる

会社内では、仕事のアサインメントを決めるのは他者です。仕事のキーワードに関連した検索ワードに引っかかる人へ優先的に仕事は流れていきます。「M&A」「英語」「厄介な案件対応」「国際税務」「プログラミング」「新規事業」といった検索を職場でかけたときに、自分は望むキーワードに引っかかっているかどうかを考えてみることです。

この「検索ワード」は、第3章で解説した自己ブランディングのことでもあります。検索ワードに引っかかるためには、自分をいかに上手く見せるかが重要です。簡単に言うと、自分のキャリア観や希望・実績などを周囲にアピールすることです。どのようなキャリアの希望を持っているか、どのような実績があるか、どのような努力をおこなっているか、などについて折に触れて周囲に自己申告することです。

自分の希望を周囲に伝えるのは、気恥ずかしいことかも知れません。しかし、自分の意思を表に出さなければ、周囲がそれを汲み取ることはできません。そして、声がかかれば、そこを足掛かりに実績を作り、さらなる機会を求めることです。その積み重ねにより、経験が積み上がり、検索ワードの上位に食い込んでいくのです。

ここで重要なのは、希望を表明するだけではなく、能力研鑽につとめることです。いくら「海外赴任がしたい」「大きな交渉ごとをまとめたい」と希望を出しても、能力がまったく伴わなければ、機会を与えてくれる人は出てきません。語学力を鍛える、数値に強くなる、過去事例を研究する、先達に師事する、などさまざまな能力開発に努めることです。そして、その努力も上司や周囲にアピールすることです。これにより、良い機会が巡ってくる確率を高めていくことです。

以上の3つのキャリア戦略は、キャリアの階段をのぼりやすくする環境を整える戦略です。そして、最後に最も重要なことは、**「機会に飛びつく」こと**です。機会というものは、唐突にやってきたりします。その時に、急に腰が引けてしまって、機会を見送ってしまう人もいます。「失敗したらどうしよう」「自分にはまだ早い」といった感情が湧き出てしまい、機会に手を伸ばせないのです。

しかし、これは非常にもったいないことです。「もう少し実力をつけてから」と逡巡して見送ってしまうと、同じ機会が巡ってくる保証はどこにもありません。次回は他の人に機会は流れていってしまうことも往々にして起こります。「チャンスの神様は前髪しかない」というのは真実です。たまたま巡ってきた機会を掴めるかどうかは、本人次第と言えます。

個人のキャリアを考えると、成功も良い経験ですが、失敗も良い経験です。機会をスルーすることは、失敗するよりも手痛い機会損失です。10戦10勝することが、キャリアの正解ではありません。勝てる戦いと確信できなくても、機会に飛びついてみる積極性が成否を分けることもあります。キャリアを好転させるのは「挑戦」であることを心にとめておきたいものです。

転じる ～キャリアの橋を架ける

「転じる」とは、キャリアの方向転換をおこなうことです。転職する、職種を転換する、未経験の領域にチャレンジする、といったことを指します。必ずしも、会社を変える転職だけを指すのではなく、キャリアの方向性の変更と捉えるといいでしょう。

「ジョブ型」では、新たな仕事を得るときに、即戦力・実績主義が原則です。「転じる」ということは非連続のキャリアを選択することであり、キャリアのリスクが少なからずあります。

そこで、押さえるべきポイントは「次の一歩は、どの程度、現在の立ち位置から遠ざかるか？」ということです。半歩先か、まるまる一歩踏み出すか、といった程度によって、そのリスクの度合いも変わってくるからです。

「転じる」決意の裏には、現在の立ち位置についての自己認識があります。自己認識によって、どこまで遠くの一歩を踏み出すかが決まります。概ね満たされているものの、報酬の妥当性に不満がある場合などは、同じ職務内容の競合他社に転職するという**近接した範囲内**での選択もあるでしょう。より高い仕事の満足度を求めて、もとの職務と関連した**半**

歩み出した選択もあります。たとえば、営業からマーケティングへ、制作からプロデュースへといった転換といった具合です。現在の職務にまるっきり嫌気がさしている場合などは、まったく異なる分野・職種へ挑戦するといった**まるまる一歩はみ出した**選択もあり得ます。

これらのどの選択においても、正解・不正解はありません。ただ、「ジョブ型」が即戦力・実績主義であることを考慮すると、遠くにはみ出るほど現在のスキル・経験は活きにくくなり、立ち上がりが難しくなりがちです。そのため、飛びつこうとする先の職務（ジョブ）がどれほど現在の職務（ジョブ）と離れているかを、きちんと見据えることが重要なのです。

現在の環境に対して不満が募っていると、先々のリスクに目を向けずに飛びついてしまうことがあります。受け入れ先の企業や職場も、人員獲得に苦戦していると、少し基準を甘くしてでも受け入れようとするので、需給がピッタリ合うことがあります。しかし、実際に移ってみると、十分な戦力としての貢献ができず、周囲から冷ややかな目線で見られ、精神的に追い詰められてしまうことはよくあることです。自分が関心を持っている先が現在の職務（ジョブ）から、どれほど離れていて、自分にそれを乗り越えることができるかを正しく捉えることが、リスク回避には重要なのです。

幸せなキャリアを歩んでいる人を見ていると、「半歩先」くらいをはみ出る転身を重ねている人が多いように感じます。今までの職務（ジョブ）で培ったスキル・ノウハウが活きる領域を半歩残し、新しい領域に半歩踏み出すといった具合です。開発の経験を活かして技術営業に転じたり、営業の経験を活かして事業開発や人材育成に転じたりする転身です。今まで培ったスキル・経験が活きるため、新しい職務でも立ち上がりやすく、処遇面でも十分満足する条件を勝ち取りやすいのです。

昨今では、今までの職種の概念に当てはまらない職種も次々と出てきています。カスタマーサクセス、インサイドセールス、UXデザイナー、データサイエンティスト、デジタルマーケターなどです。たとえば、カスタマーサクセスは顧客を成功に導く役割であり、顧客の要望や不満に応じて最適なプランや機能を提供し、課題解決する職務です。サブスクリプション・ビジネスが普及し、継続的な顧客満足度の維持の重要性が増したことから人材ニーズが高まっている職務です。従来のカスタマーサポートの役割を超え、より積極的に顧客の課題解決に取り組むため、提案営業的な側面やソリューション開発的な側面も併せ持ちます。このような新しくできた職種でも、現在の職務の「半歩先」になる可能性はあります。新しい職種は、さまざまな新たなチャレンジが起こるため良質な経験資産を蓄積するチャンスでもあります。また、いち早く経験を積み上げていくことで、第一人者としてのポジションを得やすいという利点もあります。その点で、「半歩先」にあたる新たな職種もキャリアの選択肢として考慮してみるといいでしょう。

「転じる」という選択肢は、不連続なキャリアであり、「現職務から遠ざかる距離」によってリスクの度合いは異なりますが、いずれにしてもリスクを取らねばなりません。慣れ親しんだ業務プロセス、築いてきたネットワーク、自分の評判や勝ちパターンなどを、すべて新しい環境に持ち込むことは難しいことは言うまでもありません。

また、新しい職場の組織風土や人間関係、仕事の進め方や成果の上げ方など、いくら情報を集めていたとしても、すべて予想通りということはありません。リアリティ・ショックと言いますが、事前の期待と実際には乖離があるものです。

ここで重要なキャリア戦略は、**「橋を架ける」**ことです（図表5-7）。具体的には、新たな職務に挑戦する前に、トライアル的な段階を挟んでみることです。社内で新たな職種や事業に挑戦したいのであれば、その職種や事業を体感できるような機会を創り出すこと

図表5-7 ジョブ型時代のキャリアの転換

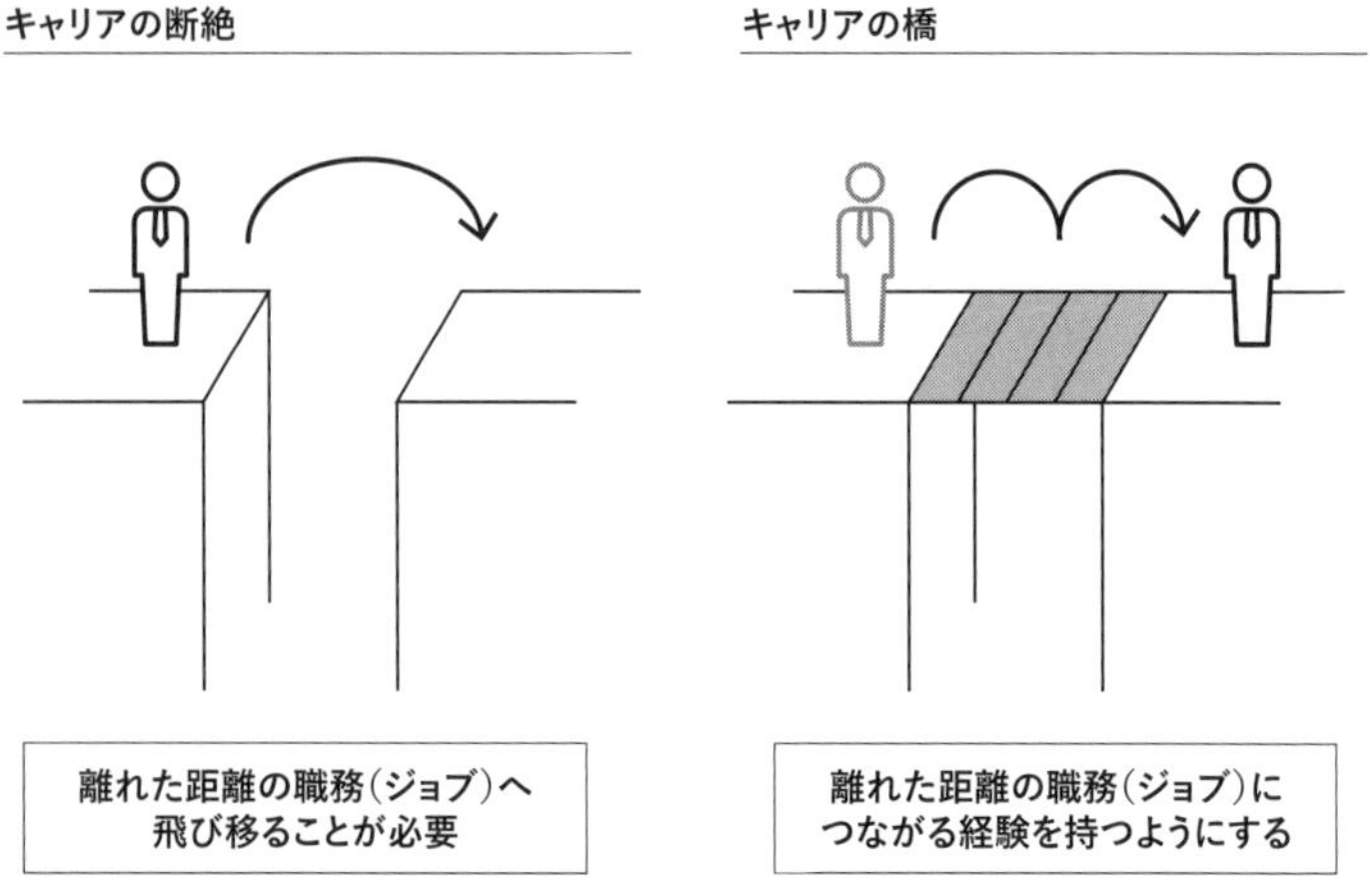
キャリアの断絶
離れた距離の職務(ジョブ)へ
飛び移ることが必要
キャリアの橋
離れた距離の職務(ジョブ)に
つながる経験を持つようにする

です。協働プロジェクトの提案、手弁当での業務支援、勉強会の提案、現職者のヒアリングなど、できることはたくさんあります。事前に、機会を創り出すことで、自分が本当にやりたい職務なのか、自分に適性があるか、などを見極め、準備することができるのです。

社外であっても同様です。その事業・職種・職場を体感できるような機会を創り出すことは、今までより容易にできるようになってきています。すでに、一部の企業では副業・兼業が解禁されており、現職務に継続勤務しながら、別の職務をトライアルでおこなう環境はできています。また、副業・兼業ではなくとも、ボランティアで事業参画を可能にするマッチングサービスも出てきています。転身先の職種に従事する社員との情報交換なども、SNSやイベント参加などを通じて、かなり簡単にできるようになっています。会社という組織の境界はかつてなく下がりつつあり、「橋を架ける」ことが従来よりしやすくなっているのです。特に、現職務より遠くへ踏み出そうとする人は、事前に機会を求めることをお勧めします。

筆者の知人で、まるっきり畑違いの領域へ上手くシフトした人がいます。その人は、学生時代に簿記の資格を取り、経理の職務に就いたそうです。しかし、その職務がどうしても自分に合わないと感じ、経理の仕事を続けながらインテリアコーディネーターの資格を取得しました。資格取得後は、社員数名の小さな企業に移り、経理兼インテリアコーディネーターとして経験を積んだそうです。そして数年後には個人事業主としてインテリアコーディネーターの仕事を専業にしたそうです。最初のキャリアからすると、まるっきり遠い職務であっても、学習と機会獲得によって「キャリアの橋」を架け、半歩ずつ踏み出していることが分かる好例と言えるでしょう。

「転じる」という選択は、不連続なキャリアの選択をしたということに他なりません。思い切って飛び込む勇気も重要ですが、「橋を架ける」ことでリスクを減らすことも重要なキャリア戦略なのです。

最後に「転じる」にあたって、重要な事項の1つである「パートナーとの合意」について取り上げます。「転じる」ときに大切なのは、自分の「意思」です。しかし、キャリアは人生の一部であり、パートナーの支えを必要とするものです。特に共働き家庭が増えており、自分の「転じる」決断はパートナーのキャリアにも影響を及ぼします。両者が納得できる決断であってこそ、中長期的にキャリアを持続可能にさせるのです。

特に転職では、パートナーが反対をする「転職ブロック」は存在します。俗にいう「嫁ブロック」「夫ブロック」と呼ばれるものです。

これは、なかなか厄介な問題です。なぜなら、本人とパートナーでは大事にしているものが異なるからです。本人はキャリア観や充足感などに重きを置く一方で、パートナーは安定に重きを置く傾向があります。パーソル総合研究所の調べでは、女性パートナーは「家庭の安定」、男性パートナーは「地位の安定」が崩れることによる抵抗感が大きいと分かりました。女性パートナーは夫の転職によって家族の生活基盤が崩れることに抵抗感を覚えがちです。一方で、男性パートナーは妻の転職によって家事・子育て分担が崩れ、結果として自分の仕事に注げる時間・エネルギーが減ることに恐れを抱く傾向があります。

図表5-8　転職に対するパートナーからのブロック

転職中止者の割合（ブロック率）

	全体	子の有無による違い 子あり	子の有無による違い 子無し	転職希望理由のうち最もパートナーからブロックされる理由
女性パートナーからのブロック	6.0%	10.4%	3.3%	直属上司からのハラスメント
男性パートナーからのブロック	3.6%	6.0%	2.7%	やりたい仕事やアイデアがあるが実現できない

（女性パートナーからのブロック：子あり／子無し＝3.2倍）
（男性パートナーからのブロック：子あり／子無し＝2.2倍）

出所：パーソル総合研究所　【「転職学」（KADOKAWA）より】

特に子供がいる家庭の場合はブロック率が高まることから、抵抗の大きさを推察することができます（図表5－8）。

「ブロック」を強行突破して「転じる」ことが正解とも言えませんし、「ブロック」を黙って受け入れることが正解とも言えません。お互いに見ているものや、重視しているものが違えば、議論がなかなかすり合わないのも当然です。

合意を得るためには、包み隠さずに自分の考えや気持ちを伝え、相手の不安も汲み取り、対話をおこなうことです。自分が「転じる」と決意した動機や理由などを、率直にパートナーへ伝えることです。一時の感情に押し流されて決めるのではなく、さまざまな要素を比較・検討したうえで、自身のキャリア展望をすべて話すのです。また、パートナーが不安に感じていることを聞き出し、それらの不安にひとつひとつ向き合うことです。そして、お互いにとってベストな結論を出すことが、大切なのです。「転職」に正解などありません。将来のことは誰にも分かりませんし、正解かどうかは後で分かることです。パートナーの意見を聞いて、転職を踏みとどまるのも正解かもしれませんし、パートナーを説得して転職に踏み切ることも正解かもしれません。重要なのは、きちんと対話をし、自分にとってもパートナーにとっても納得できる「次の一歩」を決めることです。

「転じる」とはキャリアの大きな岐路です。だからこそ、自分だけではなく、パートナーの意思も尊重し、納得したうえで決めることが重要といえるでしょう。

止まる ～人としての器を大きく育てる

長いキャリアのなかでは、「止まる」選択肢があることも忘れてはいけません。「止まる」選択肢には、不可抗力的に止まることもあれば、自分の意志によって止まることもあります。

出産・育児・介護・傷病といったライフイベントによって止まらざるを得ないこともあるでしょう。社内の力関係や政治によって、止まらざるを得ないこともあるかもしれません。学びや副業、趣味や地域とのつながりなどを重視し、キャリアの歩みを緩めることもあるでしょう。

「止まる」ときに、焦りは禁物です。特に、それまでのキャリアを駆け上がってきた人は、同僚や周囲と自分を見比べて落ち込んだり、焦ったりするものです。しかし、焦ったところで、状況が好転することはありません。**もともと、キャリアは他人と比べても仕方がないものなのです。**

そもそも、「止まる」ことは、決してマイナスではありません。仕事以外に大切にすべきものを再確認する機会でもあります。「家族」「健康」「絆」「学び」「生きがい」「親孝行」などの仕事以外の要素に向き合う時期とも言えます。もちろん、綺麗ごとだけでは済まないこともあるでしょう。しかし、その向き合った経験こそ、人の器を大きくしていくのです。

これから、日本社会では多様性が重要になってきます。今、人事の世界ではDE&I

（ダイバーシティ、エクイティ&インクルージョン）というキーワードが非常にホットトピックスになっています。かつての日本企業の典型的な職場は、長時間労働に耐え得る男性社員中心の画一的な職場でした。しかし、少子高齢化が進み、制約無く働ける男性社員だけで回すことは不可能になってきています。また、多様性からさまざまなアイデアやイノベーションが生まれることも分かってきています。日本企業の職場はシニア社員、女性社員、育児・介護などの事情を持つ社員、ハンディキャップのある社員、外国人社員、LGBTQなどのマイノリティの社員、副業・兼業社員やギグワーカーなど、多種多様な人材が混在する職場へとシフトしつつあります。ここで重要なのは公正（エクイティ）であることです。また、リーダーに求められるのは、多様性を包み込む力（インクルージョン）です。多様性を受け容れて、活かそうとする力が必要になってくるのです。これは、人としての「器の大きさ」が大きく関わってきます。

インクルージョンは、他者理解と共感が土台となります。「止まる」経験をした人は、他者の痛みを理解しやすくなります。逆に、仕事へ没頭し、キャリアを邁進してきた人には、他者の痛みを理解するのは難しいとも言えます。仕事やキャリアばかりに関心を払っていると、多様性ある職場をマネジメントする能力を開発する機会が得られないという皮肉な結果に陥るのです。

「止まる」ことは、仕事から離れ、視野を広げたり、視点を転換したりする大きな機会です。「急がば回れ」ではありませんが、少しキャリアの寄り道をすることが、最終的にキャリアの助けになることもあります。「止まる」ときには、焦らずに、じっくりと仕事以外の大事なことに向き合うことです。

ただ、「止まる」時期に、漫然と過ごしているのであれば、時間は過ぎゆくだけです。キャリアにとって有益な時期にするために、次の3つを意識するといいでしょう。

■「学び」による能力開発をおこなう
■「内省」を通じて、心を鍛える
■仕事以外の大事なものに向き合い「楽しむ」

「学び」は、「ジョブ型」時代を生き抜くうえでは最も重要な要素です。気力・体力・時間に余裕ができるのであれば、準備期間と位置づけてじっくりと能力開発に取り組むことが良いでしょう。長いキャリアのなかでは、事業・会社・職務の変更を余儀なくされることが起こります。「ジョブ型」時代では即戦力が何より求められるため、**スキル・能力の深さや幅を持つことが、最大のリスクヘッジにつながっていきます**。今まで自分が手をつけられなかった分野や未知の関心領域の能力開発に取り組んでみることです。

「学び」は、キャリアの備えになるだけではなく、好奇心を刺激し、人の器を大きく育てます。仕事に直接役に立つことだけではなく、興味・関心のおもむくままに「学び」に取り組むと良いでしょう。語学や文学、宗教や芸術、歴史や哲学、芸能や音楽など、普段、忙しくて取り組めないことに取り組んでみることもお勧めです。このような「学び」が自分の人間としての幅出しや深みにつながっていくのです。

「内省」は、「止まる」と非常に相性が良いといえます。自分の今までの人生やキャリアを振り返り、自分が大切にすべきものは何かをあらためて自分に問うことです。普段は忙しくて、なかなかゆっくり自分自身のことを考える機会は少ないことでしょう。「止まる」ことを良い好機と捉えて、**自分とじっくり向き合う時間を取る**のも有益なことです。

ある自動車メーカーの開発者は「内省」によって、その後のキャリアを大きく変えました。その方は「開発の鬼」と呼ばれるくらい厳しい人でしたが、社運をかけた大きな開発案件を指揮していました。その案件が一段落し、打ち上げの宴席をおこなったところ、信頼していたメンバーの一人からこのように言われたそうです。「叱咤激励とは言うが、あなたは叱咤叱咤だ。これ以上はついていく自信がない」と。そこで、本人は大きなショックを受け、次期プロジェクトを辞退し、1カ月ほど休みをとりました。そこで、自分は何のために仕事をし、何のために頑張ってきたのか、釣りをしながら内省したそうです。その結果、大きな成果をあげても、周囲の意欲を潰すようなことをしていたら働く意味がないと考え、自分のスタイルを大きく変える意思を決めたといいます。部下を道具のように酷使するのではなく、部下を活かすマネジメントを模索するようになったのです。その後、会社に復帰し、人望のあるリーダーへと変貌しました。

「内省」は深く心の奥底に問いかける行為です。そのためには、心静かな環境で自分の心と対話することが大切です。筆者は数年に一度、禅寺で座禅を組むようにしていますが、PCやスマホを手放し、喧騒と離れたところで自分と対峙する時間を取ることはお勧めです。昨今ではソロキャンプも流行っているようですが、ゆったりと流れる時間のなかで、自分の内面と向き合う時間を取る絶好の機会になるでしょう。

最後に、仕事以外の大事なものに向き合い「楽しむ」ことです。意図の有無はさておき、キャリアが「止まる」ときには、仕事以外に優先すべきことができたということでもあります。「家族」「絆」「生きがい」といったものかもしれませんし、「義務」「要請」といったものかもしれません。「何かを失う」ということに目を向けるのではなく、「何かを得る」ということに意識を振り向けるほうが遥かに健全です。義務などの望まぬ要素だったとしても、そこから得られる経験は人生の糧になるはずです。

充実した経験こそが、人の器を大きくします。「楽しむ」というと語弊があるかもしれませんが、何かに一生懸命打ち込むことは、その人の人間力をひと回り大きく成長させます。仕事以外のことに懸命に取り組むことで得た気づきや経験は、後々のキャリアに活きてきます。「失う」ことばかりに目を向けていると、焦燥感にかられ、負の感情に囚われて過ごすことになりかねません。「得るもの」に目を向け、「楽しみ」を見出すことで精神面でのタフさや人としての余裕が出てくるものです。人は、無意識的に「失う」ものへの抵抗感を感じる生き物です。意識して「得るもの」に目を向けることが、重要な心持ちといえるでしょう。

「止まる」ということは、必ずしも「停滞」を意味しているわけではありません。「止まる」ことへの捉え方や過ごし方によって、キャリア上では大きな意味を持つ時期にもなり得ます。**じっくりと自分という器を磨き、将来に備える機会として捉えて、充実した時間**

を過ごすことです。それこそが、次のキャリアのステップにつながっていくのです。
ここまで、キャリアの「次の一歩」である「進む」「転じる」「止まる」を詳しく見てきました。ここからはキャリアの支えになる要素について、取り上げていきます。

信頼できるキャリアのバディを作る

キャリアはマラソンのようなものです。結局は、自分で決めるしかない孤独なレースです。「誰か」の言う通りに進んでいったとしても、そのキャリアの責任を取るのは、自分自身です。キャリアを振り返って、後悔しないキャリアにするためには、キャリアの一歩一歩に自分の「意思」を込めるしかありません。

しかし、長く続くキャリアのなかで、ひとりぼっちで「意思」を込め続けて歩むことは、並大抵のことではありません。だからこそ、重要なのはキャリアのバディの存在です。バディとは、相棒や仲間のことであり、簡単に言うと、キャリアの相談相手です。

自分の状況や意思について、率直に話すことができ、素直な感想や助言をしてくれる相手を作ることです。人は他者に自分の状況や意思について話すことで、自分の状況を整理することができます。また、他者からのフィードバックにより、異なる視点でのモノの見方ができたり、自分の決意を固めたりすることができます。いつでも気軽に相談できるバディを持っておくと、自身のキャリアの意思決定の大きな支えになるのです。自分の会社・職場・職種について、ある程度の理解があり、親身になって相談に乗ってくれる人がいいでしょう。

ある企業の役員は、次のようにバディの大切さを語ってくれました。その人は、上司との折り合いがつかなかったり、仕事が思うようにいかなかったりと、何度か会社を辞めたいと考えたタイミングがあったそうです。特にその衝動が大きなタイミングで、信頼できる近い世代の先輩社員に相談しました。その先輩社員はじっくりと話を聞いたうえで、「君は会社から大きな期待をされている。難しい仕事を振られているのは、はたから見ていても分かる。今は上手くいっていないかもしれないが、君を認めている人間は多い。一時の感情に任せて、進退を決めない方が良い」と諭され、大いに勇気づけられたそうです。本人にとっては、その助言を受け容れることが、最大のキャリアの山場だったといいます。

また、あるプロフェッショナルは、キャリアの岐路でバディの存在が大きかったと述懐します。その人は、コンサルティングファームでコンサルタントとして活躍をしており、あるとき顧客企業から経営の一員として迎え入れたいとオファーがありました。そこで、複数の信頼できる友人達に意見を求めたそうです。その結果、「事業会社での役員経験は将来に役に立つ」「あなたは組織をまとめるのには向いてない」といった大きく2つの相反する意見に分かれたといいます。その人自身は、コンサルティングという立場ではなく、経営・事業に関われる機会に大きく興味・関心を惹かれたそうです。そこで、「移る」「残る」ではない第三の選択肢として「独立する」という道を選び、個人事業主として同社の経営・事業にフレキシブルに携わる選択をしたのです。その選択は結果として本人に合っていたようで、非常にイキイキと今のキャリアに満足しているそうです。

最終的には、自分のキャリアは自分で決めるしかありません。キャリアのバディとは、意思決定の依存をする相手ではありません。自分の進もうとしているキャリアを客観視し、建設的な意見をもらうパートナーです。キャリアのバディの意見を真摯に聞き、その意見も踏まえて、自分で決めることです。

キャリアのバディのいいところは、切磋琢磨ができることです。相互に近況を伝え合ったり、相談をしたりすることは、お互いの刺激になります。「あの人も頑張っている」と刺激を受けることで、自分自身にも喝を入れることができます。お互いに良き刺激を与え合い、競うのではなく、伴走・併走するバディを手に入れることが、長い孤独なキャリアを走り抜ける励みにつながるでしょう。

キャリアの主人公は自分 ～キャリアオーナーシップ

本書の冒頭で、筆者は次のように述べました。

これからの時代は、会社任せのキャリア意識で生き残っていくのは難しくなっていくことでしょう。これからは、間違いなく、個人の主体的なキャリア意識が重要な時代になってきます。極端なことを言うと、主体的なキャリア戦略を持つか持たないかで、人生に対する充実感や豊かさに大きな格差が出てきます。

このような考えから、第3章以降では、主体的なキャリア戦力としての考え方と行動原理について詳しく解説してきました。「ジョブ型」の人材マネジメントにおいては、つまるところ働く個人にとって能力の「市場価値」が問われることになり、社内での昇格や異動、もしくは転職に関しても「市場取引」に重きが置かれることになります。会社と社員は、家族・友人関係というより、取引関係の意味合いを強めていきます。会社が社員の人生を丸抱えして、キャリアの階段を準備してくれる時代は終わりました。会社は事業・組織戦略の観点から必要な職務（ジョブ）を提示し、社員は会社に職務（ジョブ）を通じた成果で貢献します。そして、その貢献の度合いに応じて、処遇が決まります。職務を介在した取引関係なのです。

取引はフェアにおこなわれるもので、理や情が入るものではありません。企業は職務（ジョブ）を提示し、それをこなせる能力・実績を持つ社員がその機会を得られます。あくまでも、実力本位・実績本位が「ジョブ型」の本質になっていきます。

ですから、働く個人にとっては主体的なキャリア戦略が重要になるのです。この、主体的なキャリア戦略を持つこと、つまり**自らのキャリアについて主体的・能動的に考え行動することを「キャリアオーナーシップを持つ」といいます。**

本書では、何度となく「意思」という言葉が出てきました。自分のキャリアに「意思」を込め、キャリアオーナーシップを持つことが「ジョブ型」では非常に重要だからです。「ジョブ型」では、会社は職務（ジョブ）を提供し、それにマッチした社員に職務（ジョブ）を委嘱します。会社が個々の社員の能力・意向に合わせて職務（ジョブ）を設計するのではありません。あくまでも、戦略上、必要な職務（ジョブ）を提示するだけなのです。

職務（ジョブ）の機会を手に入れられるかどうかは、社員次第です。実績・能力ある人、意欲ある人へ優先的に機会は与えられ、待っている人には機会は巡ってこなくなるのです。だからこそ、重要なことは、キャリアに対する当事者意識である「キャリアオーナーシップ」なのです。

「ジョブ型」が進むと、企業の教育も変わってきます。かつては、企業主導の教育が中心でしたが、「ジョブ型」では社員主体の教育に変わっていきます。企業は教育機会を提供し、社員が自身の意思で選択していくかたちにシフトしていくのです。

そのため、キャリアオーナーシップを持っているかどうかで、大きくキャリアの道筋が変わってきます。自らの「意思」でキャリアを歩もうとする人は、教育や職務（ジョブ）の機会を次々と求め、能力・実績を積み上げ、キャリアの階段を駆けのぼっていきます。しかし、「意思」なき人は、特段の行動を起こすことなく、キャリアの足踏みをおこないます。「意思」の有無で大きく二極化が進んでいくのです。

ある大企業の人事責任者は次のように語ります。「ジョブ型では、社員本人が動かなければ、何も始まらない。会社の役割は環境を整備し、機会を提供することだけだ。社員ひとりひとりが、自立型人材に変わる必要がある。会社は、その意識転換に向けて全力を尽くさなければならない」

「ジョブ型」において、キャリアオーナーシップを持つことが重要なことは言うまでもありませんが、副次的な効果もあります。2019年にリクルートワークス研究所が35歳〜64歳のビジネスパーソン1200人を対象におこなった「キャリア曲線を描く調査」では、「自己決定」が働く人の幸福度を高める、という結果が出ました。同調査では、自身のキャリアについて「広げる」時期と「深める」時期に区分したときに、各人がどのようなキャリア曲線となるかを調べたものです。すると、キャリアの先行きへの展望や満足度が高い人は、キャリアの前半期に「自分の専門を自己決定し、深めた経験がある」人が多かったのです。一歩一歩のキャリアを「自己決定」することが、キャリアに対する納得感を高め、「働くこと」自体への満足度を高めるのです。

日本人ビジネスパーソンの「働き方」は、どこか歪《いびつ》なものがあるように見受けられます。その背景には、「働いている」というより、「働かされている」という労働観があるようです。会社が任命権を握っており、会社にキャリアを委ねるのが、どこか当たり前になっており、キャリアについて考えることを諦めてしまっている人も多いようです。自らを「社畜」と自虐したり、努力を続ける人を「意識高い系」と揶揄したりする人は後を絶ちません。この日本人ビジネスパーソンに強く染みついた意識は、なかなか手ごわいものです。

日本の職場の活性度であるエンゲージメントレベルが世界のなかでも最低レベルであることはさまざまな調査で分かっています。筆者は、日本人ビジネスパーソンのキャリアに対する自立レベルの低さが、その原因の1つと推察しています。これは、日本全体あるいは日本企業全体が不活性であることを示唆しており、由々しき事態と言えます。私たち日本人ビジネスパーソンは、忍耐する「働き方」「働かされ方」が染みついているからこそ、強くキャリアオーナーシップを意識しなければならないのです。「ジョブ型」へのシフトはいい契機です。今までの労働観に縛られるのではなく、もっと自由に自分のキャリアをデザインしていくことが重要なのです。

意欲というものも、自分のキャリアオーナーシップを持つために大切な要素です。人材の意欲のタイプは「自燃《じねん》」「可燃《かねん》」「不燃《ふねん》」の3つのタイプに分かれる、という考え方があります。自燃は自ら意欲を燃やすことができる人、可燃は何かのキッカケで意欲を燃やすことができる人、不燃は何をしても意欲を燃やすことができない人です。自分がどのタイプに当てはまるか、考えてみるといいでしょう。

自燃人材は放っておいても、さまざまな機会を探しながら活躍できるでしょう。自分が可燃人材だと認識する場合は、注意が必要です。意識的に自燃人材に刺激をもらうために近づいたり、キッカケを求めて意欲の湧くテーマに参画してみたりすることです。不燃ということはあまりないでしょうが、その場合は意欲が湧き立たない理由を自省してみることです。自身の内面に問いかけ、心を癒やしたり、意欲の湧かない要因を取り除いたりすることが必要です。意欲の湧く対象を見つけることで、自分のキャリアのなかで「働きがい」を見出すことができます。キャリアのなかで大事にしたい「働きがい」が出てきたら、オーナーシップも湧くというものです。

私たちビジネスパーソンは、**今、勤めている会社に過剰な期待を持たない**ことです。会社は、自分のキャリアを輝かせる舞台くらいに考えるのがお勧めです。舞台にはさまざまな役どころがあります。主役級の役どころもあれば、脇役・端役もあります。良い配役を得たければ、自分の能力を磨き、稽古を積まねばなりません。オーディションがあれば、手を挙げるのもいいでしょう。会社という舞台のなかで、さまざまな役どころを演じながら、自分だけのストーリーを紡いでいくのです。待っていても、よほどの才能に恵まれない限り、良い役どころは回ってきません。自分で自分をセルフプロデュースしながら、自分が満足できる役回りを自分で掴み取っていくことが重要なのです。また、自分の感性に合わない芝居や監督・演者であれば、別の舞台に移ればいいのです。どの舞台でどのような役を演じれば自分が最も輝くかを、もっと自由に考えてみてはいかがでしょうか。

自分のキャリアの主人公は自分です。会社や他人にキャリアを任せていても、充実したキャリアを歩むことはできません。特に「ジョブ型」時代においては、自ら意欲を燃やし、一歩一歩のキャリアの道のりに「意思」を込めることこそが大事です。「キャリアは自分が創る」という強い「意思」こそが、キャリアの成否を分けると言っても過言ではありません。「ジョブ型」時代を強く生き抜くためには、キャリアオーナーシップを持ち、自身の意欲を強く燃やすことこそが、重要なキャリア戦略であることを書き添えて、本書を締めくくらせていただきます。

第5章 まとめ

自分の過去を振り返る〜キャリアヒストリーとキャリアアンカー

■自分はどのようなキャリアを歩んできて、何を大切にしてきたか、などについて振り返ることで、キャリア観を確かめることができる。このキャリア観こそが、次の一歩を決めるための指針になる。

将来の進むべき方向性をイメージする

■自分は将来、何になりたいか、何を成し遂げたいか、という遠い将来のゴールを思い描くことが、長いキャリアの道のりを力強く歩むためには重要。

■「どこに向かって進むのか」を強くイメージしている人ほど、キャリアに迷いがなく、大胆な決断を思い切ってできる。

現在の立ち位置から次の一歩を決める

■会社が「ジョブ型」の人材マネジメントへシフトすることで、新たな機会にめぐり合いにくくなる。そこで重要なのは、今、立っている場所を見つめ直し、自分の次の「一歩」をどちらに向けるかを決めることだ。

■「次の一歩」には、「進む」「転じる」「止まる」の3パターンがある。

職務（ジョブ）に対して4つの視点から振り返ってみるといい

①自身の職務に対する満足度：自分は職務にやりがいを感じているか？
②自身の職務適性：自分は職務に求められるスキル・能力を備えているか？
③報酬の妥当性：自分は現在の報酬が妥当と感じているか？
④事業・企業・職務の将来性：事業・企業・職務に将来性を感じるか？

信頼できるキャリアのバディを作る

■キャリアはマラソンのようなもの。重要なのはキャリアのバディの存在。バディとは、相棒や仲間のことであり、簡単に言うと、キャリアの相談相手。

キャリアの主人公は自分～キャリアオーナーシップ

■「ジョブ型」の本質は実力本位・実績本位。だからこそ、主体的なキャリア戦略が必要になる。自らのキャリアについて主体的・能動的に考え行動する「キャリアオーナーシップを持つ」ことが重要だ。

おわりに

筆者が「ジョブ型」と最初に出会ったのは2000年、シチズン時計という会社にいたときでした。成果主義ブームとともに、「ジョブ型」を検討していたのです。当時は、「ジョブ型」という言葉ではなく、「職務型」と呼んでいました。人事部長の号令のもと、年功序列を脱却するための方策として、職務をベースにした人事制度の革新を目指していたのです。その時に、参考にしたのが、コーン・フェリーの前身の1つであるヘイグループが保有する職務評価手法でした。私自身は、その後、いくつかのコンサルティングファームを経験し、縁あってコーン・フェリーに入社することになりました。人の運命とは分からないものです。その後、さまざまな企業で組織・人事に関するコンサルティングに携わり、「ジョブ型」の支援も数多くおこなってきました。

そのような経験を通して強く実感していることは、「キャリアのルールが変わる」ことです。今まで順調にキャリアの階段をのぼっていたような人でも、ふと気がつくと長いこと足踏みをしているのを目にすることがあります。一方で、猛烈な勢いでキャリアの階段を駆けのぼっていくような人もいます。自分で納得したキャリアを歩んでいる人もいれば、不本意なキャリアに甘んじている人もいます。特に、「ジョブ型」を導入した企業では、その明暗が非常にクッキリと分かれることを目にしてきました。

これは、「ゲームの戦い方」が変わるためだと筆者は捉えています。今までのゲームの戦い方は「減点されないこと」でした。一生懸命、頑張っていれば、全員にある程度、キャリアの道は用意されていました。「出る杭は打たれる」と言いますが、目立たず、大きな失敗をしないことが賢いキャリアの戦い方だったと言えるでしょう。

しかし、「ジョブ型」は違います。人ではなく、椅子に重点が置かれるのが「ジョブ型」です。簡単に言うと、「椅子取りゲーム」に変わるのです。そこで、必要なのは「意思」です。どの椅子に狙いを定めるか、座れるに足る人物になるにはどうすれば良いか、を個々人が「意思」を持って考えて行動することが重要なのです。ゲームの戦い方は、「減点されないこと」から、「意思を持ってゲームメイクをすること」に変わってしまうのです。

この「ゲームの戦い方」の変化に気づかないままでいると、知らずに不本意なキャリアを歩むことになりかねません。昨今では、「ジョブ型」を導入した会社の人事責任者から、「社員の自立したキャリア」についての相談を受けることが非常に多くなってきました。会社側も社員のキャリア開発の重要性について、大きな懸念を持っているのです。

ある人事責任者は次のように語っています。「会社と社員の関係は変わりつつある。ある意味、会社と社員は対等になってきている。会社は社員に一方的に『与える』存在ではない。会社も社員から『選ばれる』存在にならなければならない。会社は社員が仕事に熱中できる『場』を提供することに今まで以上に取り組んでいく必要がある。その『場』をうまく使えるかどうかは、プレイヤーである社員次第だ。会社はいろんな機会を提供することはできるが、個人に無理やりキャリア開発を迫るわけにはいかない。キャリアは個人の人生そのものだからだ。ジョブ型に転換が進む今だからこそ、個人のキャリア自立が重要なのだ」

「ジョブ型」時代の到来は、日本人ビジネスパーソンの大きな転機になるでしょう。「ゲームの戦い方」を知る人にとっては、これは脅威ではなく、絶好の機会と言えます。与えられたキャリアを歩む時代は終わりを迎え、一人一人がキャリアを創る時代が来たのです。

P・F・ドラッカーは、次のように言っています。

「最高のキャリアは、あらかじめ計画して手にできるものではない。自らの強み、仕事の仕方、価値観を知り、機会をつかむ用意をした者だけが手にできる。なぜならば、自らのうるべき所を知ることによって、普通の人、単に有能なだけの働き者が、卓越した仕事をこなすようになるからである。」

（『明日を支配するもの』ダイヤモンド社）

本書は、自らを知り、キャリアや職務に関わるさまざまな要素をじっくりと内省し、未来に備えて「意思ある一歩」を歩む重要さを説いてきました。これこそが、「ジョブ型」時代を生き抜くための最強のキャリア戦略だからです。

筆者自身も、「ジョブ型」時代を生き抜くビジネスパーソンの一人であり、自身のキャリアのなかでは「進む」「転じる」「止まる」をひと通り経験してきました。すべて、自分の「意思」かというと、そうではありません。なかには、他者に選択を委ねてしまい、後悔の残る選択をしたこともあります。しかし、自分の「意思」で決めたことは、失敗と思えるような結果でも、不思議と納得感があるものでした。筆者は仕事柄、さまざまな人のキャリアに関わるなかから、「意思」の重要性をあらためて気づかされることも多くありました。「ジョブ型」時代に差し掛かり、キャリアの二極化が起き始めている今だからこそ、「意思」の重要性をあらためて世の中に訴えかけたいと考えたのが、本書の執筆の動機になります。

会社と社員の関係は大きく変わりつつあります。会社は、自分のキャリアを輝かすための舞台の1つに過ぎません。会社という舞台に立ち、どのような配役を手に入れ、どのような演技を見せるか。自分が会社という場を上手く使い、自らをプロデュースしていくことが求められているのです。

本書が、大きな時代の転換点を迎える日本人ビジネスパーソンのキャリアの羅針盤の役割を果たせれば、これ以上の喜びはありません。読者のみなさまが、「意思ある一歩」を踏み出し、自分らしい納得できるキャリアを歩まれることを願っています。

［著者］

加藤 守和（かとう・もりかず）

コーン・フェリー組織・人事コンサルティング部門シニアプリンシパル。一橋大学経済学部卒。シチズン時計、デロイトトーマツコンサルティング、日立コンサルティングを経て2007年にコーン・フェリーの前身のひとつであるヘイグループに参画。人事領域における豊富な経験をもとに、組織設計、人事制度構築、退職金制度構築、M&A支援、リーダーシップ開発、各種研修構築・運営支援等、ハードとソフトの両面からの組織・人事改革を幅広く支援する。著書に『VUCA 変化の時代を生き抜く7つの条件』（共著、日経BP）、『ジョブ型人事制度の教科書』（共著、日本能率協会マネジメントセンター）、『生産性向上に効くジョブ型人事制度』（日本生産性本部 労働情報センター）がある。

「日本版ジョブ型」時代のキャリア戦略
38歳までに身につけたい働き方のかたち

2021年8月17日　第1刷発行

著　者——加藤守和
発行所——ダイヤモンド社
〒150-8409　東京都渋谷区神宮前6-12-17
https://www.diamond.co.jp/
電話／03·5778·7235（編集）　03·5778·7240（販売）
ブックデザイン—田中敏雄（ダイヤモンド・グラフィック社）
製作進行——ダイヤモンド・グラフィック社
印刷————八光印刷（本文）・新藤慶昌堂（カバー）
製本————川島製本所
編集担当——花岡則夫、寺田文一

ISBN 978-4-478-11382-0